위: 웨스트민스터 모델의 상징인 영국의 국회의사당. 개원 중에는 좌측의 빅토리아 타워에 국기를 게양한다.

가운데: 템즈 강에서 바라본 시티 오브런던의 야경. 중앙의 성바울 성당이 웅장하다.

아래: 버킹엄 궁 앞길을 행진하는 왕실기마대

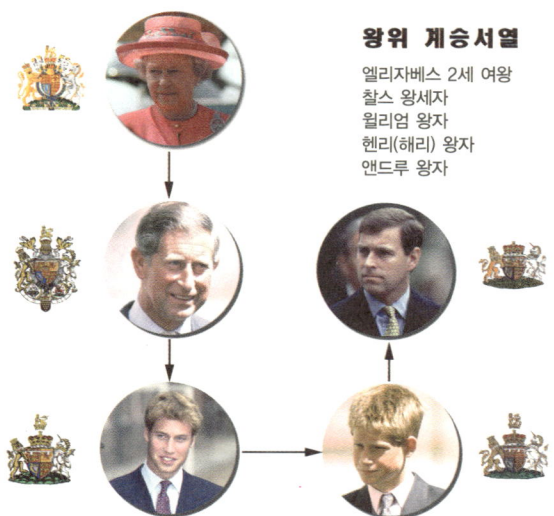

왕위 계승서열

엘리자베스 2세 여왕
찰스 왕세자
윌리엄 왕자
헨리(해리) 왕자
앤드루 왕자

왼쪽위: 트라팔가 광장의 넬슨 제독 동상. 빅토리아 시대 대영제국의 위세를 상징하듯 높은 기단 위에 세워졌다. 아래의 사자상은 당시 포획했던 프랑스군의 대포를 녹여서 만든 것.

오른쪽위: 영국의 왕위계승서열. 현재 여왕의 장자 찰스 왕세자와 두 아들, 앤드루 왕자와 두 딸의 순이다. 여왕의 셋째 아들인 에드워드는 그 다음 순이다. 옆의 문양은 각 왕실가족의 개인 문장.

오른쪽: 버킹엄 궁 왕실 근위대의 교대모습.

왼쪽아래: 흔히 유니온 잭이라고 불리던 영국국기. 왕가의 통합으로 현재의 모습이 됐다.

오른쪽아래: 항상 세계의 관심을 받는 영국 왕실가족

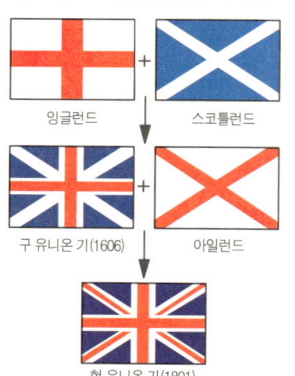

잉글랜드 + 스코틀랜드

구 유니온 기(1606) + 아일랜드

현 유니온 기(1801)

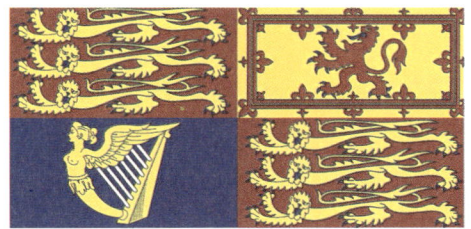

왼쪽위: 로얄 스탠다드는 왕실과 왕실가족의 공식 깃발. 위는 잉글런드, 스코틀런드, 웨일즈, 북아일런드가 통합된 것. 아래는 여왕의 개인 깃발로 영연방의 국기에 이용되기도 한다.

오른쪽: 영국 정당과 정당로고. 위로부터 노동당과 블레어 총리, 보수당과 캐머런 당수, 자유민주당과 당수 캠벨 경.

오른쪽아래: 영국 지방정부의 의회로고. 위로부터 스코틀런드, 웨일즈, 북아일런드.

아래: 런던의 다우닝가. 10번지에 총리관저가 있다

위: 세계적인 금융의 중심인 런던의 구시가지. 고색 창연한 건물들 사이로 최근 완공된 고층빌딩들이 보인다.

가운데: 런던의 신시가지 카나리 워프. 빌딩숲으로만 이뤄져 런던이 아닌 다른 도시의 야경으로 보인다.

아래: 여왕의 초상이 그려진 2파운드 동전과 유로화. 유럽연합에 참여했지만 파운드화는 고수하고 있다.

오른쪽아래: 유럽연합기와 참여국의 국기를 형상화한 그림.

라운더바우트를 도는 산적과 말도둑

무엇이 영국 민주주의를 만드는가?

라운더바우트를 도는 산적과 말도둑

무엇이 영국 민주주의를 만드는가?

초판 1쇄 발행 2006년 10월 10일
초판 3쇄 발행 2016년 5월 9일

지은이 김웅진 외

펴낸이 박종암
펴낸곳 도서출판 르네상스
출판등록 제313-2010-270호
주소 121-842 서울시 마포구 동교로17안길 11 2층
전화 02-334-2751
팩스 02-338-2672
전자우편 rene411@naver.com

ISBN 978-89-90828-41-5 03340

라운더바우트를 도는

산적과 말도둑

무엇이 영국 민주주의를 만드는가?

김웅진 외 지음

르네상스

일러두기
- ●인명, 지명 등 원어(영어)의 우리말 표기는 주요 일간신문과 같은 보도매체에서 일반적
으로 통용되는 것들을 제외하고는 가능한 한 영국식 표준발음을 따랐다.
- ●본문에 별색으로 표시한 용어 · 인물 · 사건 등에 대해서는 이해하기 쉽도록 설명글을
넣었다.

머리말

영국의 자동차 주행방식은 우리와 반대인 좌측통행이다. 따라서 처음 운전을 하는 한국 사람은 누구나 어려움을 겪게 마련이다. 또 라운더바우트 (roundabout), 즉 원형교차로를 도는 것도 쉽지 않다. 영국과 마찬가지로 좌측 통행을 하는 일본 사람들에게도 라운더바우트는 낯설게 여겨지는 것 같다. 런던에 주재하는 일본 회사들 중에는 뒷마당에 라운더바우트를 만들어 놓고 새로 부임한 직원들을 연습시키는 곳도 있다고 한다. 라운더바우트는 네댓 개의 길이 커다란 원을 중심으로 펼쳐 있는 모습이다. 어디에서 진입하든 시계방향

신호등을 대신하는 라운더바우트
왼쪽은 브리스톨 시내. 오른쪽은 무려 다섯 개의 작은 라운더바우트가 커다란 라운더바우트를 감싸는 스윈든의 명물.

으로 돌다가 원하는 길로 빠져나가면 되고, 360도를 회전하면 들어온 길로 다시 나갈 수 있으니 일단 익숙해지면 대단히 편리한 제도라고 말할 수 있다. 런던처럼 교통이 복잡한 곳을 제외하고는 대부분 라운더바우트가 신호등을 대신하고 있는데, 진입할 때에는 오른쪽으로부터 원을 돌아오는 차에게 무조건 양보해야 한다. 이 규칙을 지키지 않을 경우 접촉사고가 나기 십상이나 라운더바우트에서 자동차끼리 서로 부딪히는 경우는 거의 없다.

영국의 의회정치는 마치 라운더바우트를 도는 영국 운전자들의 모습과 같다. 아무리 심각한 정치적 문제가 발생한다 해도, 또 아무리 정당 사이의 갈등과 대립이 날카로워진다 해도 의회정치의 질서는 엄격히 지켜진다. 즉 의회의 운영이 약속된 절차를 결코 벗어나지 않기 때문에 오래 전 미국 정치학자 헌팅턴(Samuel Huntington)이 정치안정의 필수조건으로 제시한 정치질서의 제도화(political institutionalization)가 성공적으로 이루어졌다고 볼 수 있다.

그런데 정치질서의 제도화는 오랜 시간 동안 수많은 시행착오를 거쳐 완성되는 것이며, 또 어떤 세력에 의해 강요될 수도 없다. 특히 민주정치질서의 제도화는 가진 자와 가지지 못한 자, 지키려는 자와 빼앗으려는 자 사이에 협상이 광범위하게 이루어지고, 그 과정 속에서 실질적 이해관계를 중심으로 한 계약의 문화가 조금씩 일구어져 나갈 때 달성될 수 있다. 영국은 13세기 초엽 이래 나름대로의 이해관계를 가진 국왕, 귀족과 시민 사이의 정치적 협약이 공고하게 제도화된 나라, 갈등의 해결방식이 서로 굳게 약속되어 있는 나라임에 틀림없다. 즉 영국 의회정치가 나타내는 민주성은 800여 년에 걸쳐 영국사회 속에 천천히 녹아들은 계약문화의 소산이며, 이러한 계약의 문화적 전통은 비단 정치적 영역뿐만 아니라 일상생활의 모든 영역에 걸쳐 자연스러운 규범으로 뿌리내려 왔다. 따라서 〈마그나 카르타〉(Magna Carta)나 〈권리장전〉(Bill of Rights)에 반영된 국왕과 귀족, 국왕과 시민의 계약은 오늘날 라운더바우트를 도는 방법에 대한 약속과 본질적으로 다르지 않다.

이러한 맥락에서 영국 국민들이 그토록 자부하는 '잉글리쉬 헤리티지'(English heritage)는 영국 의회민주주의를 떠받치는 주춧돌이라고 말할 수 있다. 잉글리쉬 헤리티지는 영국 전역에 퍼져있는 '내셔널 트러스트'(National Trust), 곧 위풍당당한 옛 저택이나 성의 장려함이라기보다는 그러한 문화적 유산이 만들어지는 과정 속에서 함께 자라온 사회계약의 전통을 보여주고 있다. 의회민주주의의 금자탑인 영국 웨스트민스터 모델(Westminster Model)은 바로 잉글리쉬 헤리티지의 소산이라 해도 과언이 아니다.

우리나라가 1993년 김영삼 정부의 출범으로 40여 년 동안 지속된 권위주의 체제를 벗어나 진정한 민주화의 길로 들어선 이래, 민주주의는 정치적 담론(談論)의 가장 중요한 화두로 떠올랐다. 즉 우리에게 적합한 민주주의 제도로부터 시작하여 민주화의 본질, 그 단계와 경제사회적 의미에 이르기까지 광범위한 영역에서 논란이 진행된 것이다. 그러나 민주주의를 확립하는 데 성공한 국가들의 역사적 경험에 대한 깊은 이해가 없다면 이러한 담론은 의미를 잃게 된다. 왜냐하면 민주주의 정치질서는 위에서 말한 영국의 예와 같이 오랜 시간과 경험을 통해 만들어지는 것이기 때문이다. 어떤 제도나 절차를 도입한다 해서 즉시 민주주의로의 이행(democratic transition)이 시작되는 것은 아니며, 그

잉글리쉬 헤리티지

영국의 전통문화와 제도에 대한 긍지와 신념을 표현하는 용어. 이러한 신념은 사적(史蹟)을 보호하기 위한 DCMS(Department for Culture, Media and Sport) 산하의 공공기관 잉글리쉬 헤리티지의 창설로 구체화되었다.

내셔널 트러스트

300개 이상의 성, 고택 등 역사적 건물과 정원, 49개의 산업관련 기념물을 보호·관리하기 위해 1895년 창립된 사설자선기관 또는 이러한 기관에 의해 관리되고 있는 유적. 340만 명에 달하는 회원과 43,000여 명의 자원봉사자를 갖고 있다.

나이츠헤이스 코트(Knightshayes Court)

데본(Devon) 주의 주도(州都) 엑시터(Exeter) 시 북
쪽에 위치한 소도시 티버튼(Tiverton) 외곽에 자리
잡고 있다. 티버튼에서 대규모 레이스(lace) 공장을
운영하던 히스코트-에이머리 하원의원(Sir John
Heathcoat-Amory)의 저택으로서, 1869년에 건축
이 시작되어 완공되기까지 상당한 시간이 걸렸다.
1972년까지 히스코트-에이머리 가족이 거주하였으
며, 현재 내셔널 트러스트로서 관리되고 있다.

러한 제도와 절차에 상응하는 시민의 정치의식과 행위가 견고한 문화적 전통
으로 자리 잡을 때 비로소 안정적인 민주주의 질서가 정착된다. 이렇게 볼 때
민주주의의 본질을 이해하려면 의회민주주의의 시원(始原)으로 여겨지는 영국
의회정치의 전개과정에 대한 이해가 반드시 요구된다고 말할 수 있다.

그러나 이미 출간된 각국의 민주정치 관련서적들은 훌륭한 내용에도 불구
하고 사회과학, 특히 정치학 전공자들을 위한 것이었기 때문에 일반 독자들이
접하기 어려웠던 것이 사실이다. 이에 〈비교민주주의연구센터〉는 민주주의
의 본질과 역사적 경험을 누구나 손쉽게 이해할 수 있도록 도와주는 '재미있
는 책'이 절실히 필요하다는 판단에 따라 이 책을 내게 되었다. 연구센터는 앞
으로도 주요 국가의 민주정치를 풀어 소개하는 책을 매년 한 권씩 출간할 예
정이며, 이를 통해 우리나라에 맞는 민주주의 제도, 민주주의 질서를 함께 설
계해 보는 데 작은 힘을 보태고자 한다.

이 책에서는 먼저 영국 의회민주주의의 역사적 배경을 간략히 요약한 다

음, 헌법과 국왕·의회·행정부·정당·선거 등 가장 기본적인 정치제도의 특성과 운영방식을 소개하고, 마지막으로 영국의 국제관계를 유럽대륙과의 관계라는 측면에서 살펴보았다. 각 장은 〈비교민주주의연구센터〉의 연구진들이 분담해 집필했으며, 독자의 눈높이에 맞추기 위해 한국외국어대학교 정치외교학과 1학년 유정인 양이 독자의 한 사람으로서 원고를 모두 검토해 주었다. 또 연구센터 조교인 한국외국어대학교 정치외교학과 4학년 강원식 군과 3학년 신선 양이 부록을 만드는 데 수고를 아끼지 않았다. 특히 강원식 군은 연구센터를 위해 2005년 겨울 영국 전역과 아일런드를 탐방하며 이 책에 실려 있는 사진들 가운데 상당수를 직접 찍어 왔다. 책을 내놓으며 그간 연구센터를 지원해 주신 모든 분들께 깊은 감사를 표한다.

2006년 가을
비교민주주의연구센터 소장 김웅진

차례

1장

모범의회에서 황금시대까지: 영국 민주주의의 성장

김웅진

영국은 〈웨스트민스터 모델〉(Westminster Model)이라 불리는 의회민주주의 체제를 성공적으로 유지해 온 전형적인 민주주의 국가다. 영국의 역사를 생각하면 〈마그나 카르타〉, 〈명예혁명〉, 〈권리장전〉과 같은 굵직한 사건들이 먼저 떠오르는 것처럼 영국은 의회민주주의가 태어나고 성장했으며 전 세계로 전파된 성지(聖地)다. 흔히 현대 민주주의의 또 다른 발상지로 여겨지는 프랑스는 혁명을 통해 하루아침에 절대왕정을 무너뜨리고 새 정치질서를 수립했다. 그러나 영국의 민주주의는 13세기에 싹이 튼 이래 800여 년에 가까운 오랜 시간을 거쳐 천천히 성장해 왔다. 따라서 그만큼 튼튼하고 또 그만큼 급격한 변화를 싫어한다.

영국은 1295년에 국왕 에드워드 1세(Edward I, 1272~1307 재위)가 훗날 하원(평민원, House of Commons)의 모태가 된 〈모범의회〉(Model Parliament)[1]를 최초로 소집했음에도 불구하고 16세기 말까지 절대군주의 통치를 받고 있었다. 즉 국왕은 의회의 결정을 언제든 뒤엎을 수 있었으며, 정부각료들은 국왕을 돕는 조언자에 불과했고, 법관들은 국왕의 뜻

웨스트민스터 모델

영국 의사당이 자리 잡고 있는 웨스트민스터 궁의 이름을 딴 영국식 의회민주주의 체제. ① 다수당 의원들로 구성된 행정부(내각), ② 야당의 존재, ③ 선거를 통해 구성되는 양원제 입법부(상원의원은 지명), ④ 상징적 국가수반, ⑤ 불신임을 통한 하원의 행정부 통제, ⑥ 의회의 자체 해산과 그에 따른 총선거 실시 등을 특징으로 한다.

모범의회

에드워드 1세가 전쟁비용 등 국가재정을 조달하기 위한 세금의 징수를 손쉽게 하려고 소집한 최초의 의회. 49명의 귀족과 292명의 시민대표로 구성됐다. 비록 국왕이 소집했기 때문에 권한이 모호했으나 점차 국왕의 정책을 승인하거나 국왕에게 조언하는 기능, 국가재정을 다루는 기능, 주요사건들을 심판하는 최고사법기관으로서의 기능을 갖게 됐다. 참석자의 대부분을 차지했던 중산층 대표들이 그들만의 독립적 집회를 따로 만들게 됨에 따라 하원의 탄생으로 연결됐다.

에 따라 임명되었다.

그러나 절대군주제는 1603년 튜더(Tudor) 왕조의 마지막 왕인 엘리자베스 1세(Queen Elizabeth I, 1558~1603 재위)의 사망과 더불어 무너지기 시작했다. 엘리자베스 1세에게는 후손이 없었기 때문에 스튜어트(Stuart) 왕가 출신 제임스 1세(James I, 1603~1625 재위)가 왕위를 이어받았다. 제임스 1세 이후 스튜어트 왕들은 세금을 걷는 권한을 누가 갖느냐를 두고 계속 의회와 충돌하게 된다. 이러한 국왕과 의회의 갈등은 찰스 1세(Charles I, 1625~1649 재위)에 이르러 극에 달한다. 찰스 1세가 1629년부터 1640년까지 지속된 '11년간의 폭정'(Eleven Years of Tyranny) 기간 동안 의회의 동의를 얻지 않고 일방적으로 세금을 올린 것이다. 국왕은 더 나아가 당시 의회의 중심세력이었던 청교도들과 스코틀런드 장로교도들을 자극하는 반동적 종교정책을 채택했다. 결국 1642년 왕당파―의회파 사이의 내전(English Civil War)이 발생했다. 이때 찰스 1세는 사형당하고 군주제가 무너졌으며, 〈커먼웰스 오브 잉글런드〉(Commonwealth of England)라 불리는 공화정이 수립됐다. 1653년에 이르러서는 공화정의 실질적 지도자였던 올리버 크롬웰(Oliver Cromwell)이 호국경(護國卿, Lord Protector)의 자리에 올라 군사독재를 펼쳤지만, 1658년 그가 사망한 후 권력을 이어받은 무능한 아들 리처드 크롬웰(Richard Cromwell)이 쫓겨나자 공화정이 잠깐 동안 복원됐다. 그러나 공화정을 끌고 나갈 강력한 지도자들이 없어 다시금 내란이 발생하자 영국국민들은 옛 군주제를 원하게 되었다. 이에 따라 1660년 왕정이 복고되어 찰스 1세의 아들 찰스 2

세(Charles II, 1660~1685 재위)가 열렬한 환호를 받는 가운데 새로운 국왕으로 즉
위했다.

찰스 2세가 왕위에 있었던 기간은 영국에 있어서 근대적 정당이 최초로 나
타난 시기다. 찰스 2세에게는 왕위를 이어받을 적자(嫡子)가 없었기 때문에 요
크 공작(Duke of York)인 제임스(James)가 왕위를 계승할 예정이었다. 그러나 의
회는 〈배제법안〉(Exclusion Bill)을 통과시켜 가톨릭교도인 제임스를 계승서열
에서 빼버리려는 세력과 이에 반대하는 세력으로 나뉘었다. 이들이 각각 휘그
(Whigs)와 토리(Tories)라는 정당으로 성장해 서로 대립하게 된다. 배제안은 결
국 통과되지 못했으며, 찰스 2세는 이후에도 계속 법안이 상정될 때마다 '군
주의 대권'(Royal Prerogative)[2]을 발동, 의회를 해산한 다음 죽을 때까지 절대군
주로 군림했다.[3] 찰스 2세의 뒤를 이은 제임스 2세(James II, 1685~1688 재위)는
더욱 더 반동적인 정책을 고집함으로써 의회와 수많은 개신교도들의 분노를
사게 된다. 이처럼 국왕에 대한 분노가 확산되자 1688년 '불멸의 7인'
(Immortal Seven)[4]으로 불리게 된 일곱 명의 신교도 귀족과 시민들이 제임스 2
세의 딸 메리(Mary)와 그의 남편인 오렌지 공 윌리엄(William of Orange)을 영국
으로 불러들여 제임스 2세를 내치려 시도했다. 〈명예혁명〉(Glorious
Revolution)[5]으로 불리는 이 무혈혁명은 국민들의 전폭적인 지지 속에 성공했
다. 그 후 제임스 2세는 12월 23일 프랑스로 망명하고, 메리 2세(Mary II,
1689~1694 재위)와 윌리엄 3세(William III, 1689~1702 재위)가 잉글랜드와 아일랜드
의 공동왕으로 즉위했으며, 스코틀랜드도 곧 이들을 정당한 국왕으로 인정하
게 됐다.

명예혁명은 영국 입헌군주제와 의회민주주의의 정착과정에 있어서 커다란
전기가 됐다. 그러나 그 이후에도 의회는 여러 가지 방법을 통해 국왕의 힘을

명예혁명

왕정복고 이후 제임스 2세는 가톨릭교도를 차별했던 〈심사율〉(Test Act)을 일방적으로 폐지한 뒤 정부 및 군의 요직에 반동적 가톨릭교도들을 배치한다. 또한 상당규모의 상비군을 모집하여 잉글랜드 서남부 데본 주(Devonshire)와 스코틀랜드에서 동시에 발생한 몬머스 반란(Monmouth Rebllion, 1685)을 무자비하게 진압하는 등 절대왕권의 확보를 도모했다. 이에 의회에서 대립하던 휘그와 토리가 국왕을 축출하기로 모의한다. 그리고 이러한 합의를 구체적으로 이행하기 위해 '불멸의 7인'의 명의로 된 초청장을 비밀리에 신교도인 네덜란드의 오렌지 공 윌리엄과 제임스 2세의 장녀 메리에게 보낸다. 1688년 11월 5일 오렌지 공은 '자유로운 의회와 자유로운 신교보호'라는 구실 아래 브릭섬(Brixham)에 상륙하여 런던으로 진격한다. 이 무혈혁명을 통해 스튜어트 왕조의 절대군주제는 완전히 무너진다.

오렌지 공 윌리엄

오렌지 공이 상륙한 지점을 표시한 비문

오렌지 공이 명예혁명을 위해 상륙한 브릭섬 항의 오늘날 모습

제한하려고 계속 노력했다. 예컨대 의회는 새롭게 즉위한 윌리엄 3세의 힘이 커지는 것을 미리 막기 위해 1689년 〈권리장전〉(Bill of Rights)을 선포했다. 의회의 동의를 얻지 않은 세금징수를 금하고, 국왕은 반드시 신교도여야 함을 밝힘으로써 국왕에 대한 의회의 우월성을 분명히 한 것이다.

국왕의 권한은 1701년에 〈왕위계승법〉(Act of Settlement)[6]이 통과되면서 더욱 약화된다. 윌리엄 3세와 메리 2세에게는 자식이 없었기 때문에 다음 왕위는 메리 2세의 자매인 앤 공주(Princess Ann)에게 넘어갈 예정이었다. 그러나 앤 공주의 자식들 가운데 유일하게 살아남아 있던 글로스터 공작 윌리엄(William, Duke of Gloucester)마저 일찍 세상을 떠났다. 그러자 제임스 2세와 그의 아들 스튜어트 왕자(James Francis Edward Stuart)가 왕위를 되찾지 못하도록 막고 신교도들만이 국왕이 될 수 있도록 하는 새로운 법이 필요하게 되었다. 왜냐하면 권리장전은 스튜어트 왕가에 속하는 메리 2세와 앤 공주의 직계손이 왕위를 계승하도록 규정하였는데, 앤의 자식들이 전혀 남아있지 않은 상태에서 스튜어트 왕가 인사들이 왕위계승을 주장하고 나올 가능성도 있었기 때문이다.

이 법안은 스튜어트 왕가가 정당한 계승권을 갖

입헌군주제

헌법을 가진 군주제로서 세습된 혹은 선출된 국왕이 국가원수다. 과거에는 일본, 이탈리아나 스페인처럼 파시스트 체제와 결합되어 있거나 태국과 같은 군사독재 체제를 갖고 있는 경우도 있었으나, 오늘날에는 인민주권의 원칙에 입각한 의원내각제와 결합되어 있기 때문에 총리(수상)가 실질적 정부수반의 역할을 담당하고 국왕은 국가를 상징적으로 대표할 뿐이다.

권리장전

의회가 명예혁명으로 새롭게 즉위한 윌리엄 3세의 세력이 확대되는 것을 방지하고자 성문화한 정치적 협약. 왕은 국가의 기본법을 침해하지 못하며, 모든 예산은 매년 의회의 승인을 거쳐야 하고, 군의 봉급과 군법재판 등도 의회의 의결을 필요로 하며, 3년에 한 번씩 의회를 소집하되 소집된 의회는 3년 이상 계속될 수 있다는 등의 왕권제한 조항들을 포함하고 있다.

는다고 주장한 토리당과 신교도를 옹립할 것을 주장한 휘그당 사이에 심한 충돌을 가져왔으나, 제임스 2세의 아들이 가톨릭 신앙을 포기하지 않자 결국 의회에서 통과됐다. 〈왕위계승법〉은 제임스 1세의 손녀인 하노버 선거후(選擧侯) 소피아(Sophia, Electress of Hanover)와 소피아의 후손 가운데 가톨릭교도와 결혼하지 않은 신교도들만이 앤 공주에 뒤이어 왕위를 계승하도록 못 박았으며, 더 나아가 왕위계승은 국왕의 뜻이 아니라 의회에 의해서 결정된다고 규정했다. 윌리엄 3세가 세상을 떠나자 앤 공주가 앤 여왕(Queen Ann, 1702~1714 재위)로 즉위하였지만 계승문제가 또다시 불거졌다. 스코틀랜드가 소피아를 왕위계승자로 정하는 과정에서 자기들과 의논하지 않았다는 데 분노하고 잉글랜드─스코틀랜드의 관계를 끊겠다고 위협했던 것이다. 그러나 잉글랜드는 자유무역을 금지하여 스코틀랜드 경제에 타격을 입힘으로써 스코틀랜드를 굴복시키고, 양국은 1707년 〈통합령〉(Act of Union)에 따라 그레이트 브리튼 왕국(Kingdom of Great Britain)으로 합쳐진다.

1714년 앤 여왕이 서거하자 왕좌에 오르지 못한 채 세상을 떠난 소피아의 아들이 〈왕위계승법〉에 따라 조지 1세(George I, 1714~1727 재위)로서 왕위를 계승했다. 조지 1세는 옛 스튜어트 왕가를 복원하려는 두 차례의 자코바이트 반란(Jacobite Rebellion, 1715, 1719)[7]을 제압함으로써 국왕으로서의 입지를 굳혔지만, 국정에는 별 관심이 없어 왕권의 대부분을 영국 최초의 (비공식적) 총리(Prime Minister)로 여겨지는 로버트 월폴 백작(Robert Walpole, 1st Earl of Orford)[8]에게 넘겼다. 이에 따라 18세기 초엽에 이르러 영국은 절대왕권의 지배를 벗어나 입헌군주제의 길로 들어서게 된다.

조지 1세의 뒤를 이은 조지 2세(George II, 1727~1760 재위)의 치세기간 동안은 물론 그 이후에도 왕권은 더더욱 약화되고, 그 대신 행정부와 총리의 힘이 크게 자라났다. 예컨대 윌리엄 4세(William IV, 1830~1837 재위)는 1834년 자신의 정책에 반대하는 휘그당 소속 총리인 멜번 자작(子爵) 윌리엄 램(William Lamb, Viscount of Melbourne)을 해임하고 그 자리에 전통적으로 왕을 지지한 토리당의 로버트 필(Robert Peel) 경을 임명했다. 그러나 이어진 선거를 통해 하원에서 우위를 점한 휘그당은 필 정부가 제안한 대부분의 법안을 저지함으로써 필의 사임을 강요했고, 왕은 멜번 자작을 다시 총리직에 앉힐 수밖에 없었다. 이후 오늘에 이르기까지 왕이 하원의 의견에 반하여 총리를 임명한 적이 단 한 번도 없다.

물론 입헌군주제의 길로 들어선 이후에도 국왕은 헌법에 따라 상당한 권한을 행사했지만, 그러한 권한행사는 의회에 의해 엄격히 통제됐다. 즉 국왕의 통치는 내각(cabinet)을 통해 이뤄졌고, 의회의 승인을 필요로 했다. 그런데 입헌군주제가 가져온 가장 두드러진 정치적 변화는 정부 주요기관들이 적어도 이론적으로는 견제와 균형(check and balance)

로버트 월폴(1676~1745)

이튼 콜리지와 케임브리지의 킹스 콜리지에서 수학한 후 부친의 선거구인 캐슬 라이징(Castle Rising)에서 하원의원에 당선되어 정치에 입문한 휘그당 정치인. 인근의 보다 큰 선거구인 킹즈 린(King's Lynn)으로 옮겨 이후 40여 년간 하원의원에 계속 당선된다. 조지 1세와 2세의 치하(1721. 4~1742. 2)에서 제1재무상(First Lord of Treasury) 등의 지위를 갖고 내각의 실질적 지도자의 역할을 담당함으로써 영국 최초이자 가장 오랫동안 자리를 유지한 총리로 간주된다. 당시에는 '총리'라는 직위가 없었기 때문에 공식적 타이틀을 갖고 있지는 않았다.

상태에 놓이게 됐다는 점이다. 즉 상·하 양원은 서로 견제할 수 있게 되었으며, 국왕은 의회를, 의회는 국왕과 각료의 국정행위를 통제할 수 있게 된 것이다. 그러나 이러한 견제와 균형은 결코 완벽한 것이 아니었다. 왜냐하면 총선거를 둘러싼 정치적 부패가 크게 번져나갔기 때문이다. 중소상인들, 하원에 진출한 작은 도읍의 대표들과 그들이 의회에 진출할 수 있도록 후원한 소규모 지주귀족들이 연합하여 정치권력을 독점하게 됐고, 이에 따라 의회정치는 주로 귀족층의 이해를 반영하는 방식으로 이뤄졌다.[9]

시간이 흐름에 따라 낡은 봉건제도의 잔재가 완전히 청산되고 산업혁명으로 인해 급격한 경제사회적 변화가 나타나자 이처럼 귀족중심의 뒤틀린 정치질서는 더 이상 유지될 수 없었다. 우선 산업화는 부유한 공장소유주라는 신흥 산업자본가 계급을 탄생시켰다. 이들은 비록 경제적 힘은 있었으나 정치적 영향력은 갖고 있지 못했는데, 그 이유는 그들을 대표하는 사람들이 아직 의회로 진출하지 못했기 때문이다. 이러한 상황은 19세기 초엽에 이르러 심각한 정치적 분열과 대립을 초래하게 된다. 즉 지주귀족들은 현상유지를 원했던 반면 신흥 산업자본가 계급은 의회에서의 대표성을 확보함으로써 정치적 힘을 얻으려 시도했다. 또한 이 두 계급은 모두 인구의 상당 부분을 차지하고 있던 노동계급이 의회로 진출하는 것을 막았지만, 중산계급은 선거권 확대와 하원을 통한 정치적 개혁을 달성하기 위해 노동계급출신 개혁운동가들의 지지를 받으려고 노력했다.

이처럼 계급 간의 대립이 계속되는 가운데 1832년 〈대개혁법〉(Great Reform Act)이 선포되어 중산계급에게 선거권이 부여되고 새로운 산업도시가 의회에서의 대표권을 갖게 되자 귀족들은 더 이상 부패로 물든 후원을 통해 하원을 조종할 수 없게 됐다. 또한 행정권의 중심세력인 고위각료들을 임면하는 권한이 입법권의 중심부인 하원으로 넘어가면서 국왕의 권한은 더욱 축소됐다. 이와 같은 변화는 결국 귀족들의 이익을 대표하는 상원(귀족원, House of Lords)의 힘을 크게 약화시켰고, 이에 따라 하원이 정치적 주도권을 쥔 〈황금시대〉(Golden Age of Parliament, 1832~1867)가 도래했다.[10]

그러나 정치세력들 사이의 심각한 대립과 그로 인한 여러 가지 개혁에도 불구하고 성인인구의 거의 대부분이 선거권을 갖고 있지 못했기 때문에 영국의 정치질서는 아직 비민주적인 성격을 벗어버리지 못하고 있었다. 진정한 의미에서의 입헌군주제와 의회민주주의 정치질서가 확립된 것은 19세기 중엽에 이르러서다. 근대 영국역사에 있어서 가장 찬란한 시기로 여겨지는 빅토리아 여왕(Queen Victoria)의 치세기간(1837~1901)이다.

이 시기를 통해 비단 정치적인 변혁뿐만 아니라 눈부신 기술적 · 문화적 혁신이 이뤄졌으며, 대영제국은 세계에서 가장 강력한 국가로 부상하게 된다. 또한 공화주의(republicanism) 사상과 사회주의 이념이 급격히 퍼져나가 기존의 정치질서를 위협하자 어떤 형태로든 노동계급에게 정치적 대표권을 주어야 한다는 인식이 정치지도층 사이에 자리 잡게 됐으며, 그에 따라 1867년 〈2차 개혁법〉이 선포되어 남성노동자들이 선거권을 얻게 되고 대중선거인단(mass electorate)이 구성되기 시작했다. 그 이후에도 선거권은 더욱 확대됐으나, 여성들은 20세기 초엽 〈1918년 인민대표법〉(Representation of the People Act 1918)[11] 이 통과된 이후에야 비로소 비록 제한적이나마 참정권을 얻게 된다.

대개혁법
근대 영국 의회민주주의의 발전, 특히 정치참여의 확대에 있어서 획기적 전기를 마련한 것으로 여겨지는 선거제도 개혁법. 선거구의 재획정을 통해 잉글랜드 남부의 자치도시들이 갖고 있던 의석을 박탈하거나 축소하여 신흥 공업도시에 배당함으로써 맨체스터나 버밍엄과 같은 대도시들이 대표권을 갖게 된다. 이와 더불어 일정 수준 이상의 재산을 보유한 성인 남성에게 선거권을 부여함으로써 총 유권자수가 478,000명에서 814,000명으로 급격히 늘어난다.

빅토리아 여왕(1819~1901)
63년의 빅토리아 시기 동안 산업혁명은 최고조에 달했고 대영제국은 세계강국으로서 절정기를 맞는다.

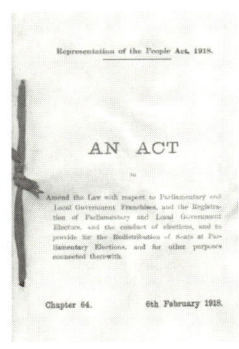

1918년 인민대표법

1832년에 제정된 〈대개혁법〉의 개정법. 재산조항을 없애고 21세 이상 남성에게 선거권을 주었으나, 여성들에게는 30세 이상만 부여했다. 그럼에도 불구하고 유권자의 수가 급격히 증대되어 "일인일표제라는 급진적 원리의 승리"로 간주된다. 성차별은 1928년 〈평등선거법〉(Equal Franchise Act)을 통해 완전히 철폐됐고, 인민대표법 역시 이후 네 차례(1928, 1969, 1985, 2000)에 걸쳐 개정됐다.

선거인단의 성장은 대중정당(mass political parties)의 출현을 초래했기 때문에 정치질서의 변화라는 측면에서 볼 때 대단히 중요한 의미를 갖는다. 왜냐하면 정치권력이 의회에서 최다의석을 갖고 있는 대중정당, 그리고 그러한 정당에 속한 총리와 내각 각료들에게 넘어가게 되자 하원이 정치적 주도권을 쥐었던 황금시대가 끝났기 때문이다. 또한 황금시대가 끝남에 따라 정당이 정치적 주도권을 얻으려면 반드시 총선거에서 대중의 지지를 확보해야만 한다는 사실이 명백해졌다.

어떤 학자들은 대중의 정치참여가 영국의 정치질서에 민주성을 더했다고 본다. 다시 말해서 의회는 최고의 입법기관이며, 행정부(총리와 내각)는 의회에 대해 책임을 지고, 선거인단은 그들의 대표를 의회로 보내기 때문에 주권은 이제 의회로부터 유권자 대중의 손으로 옮겨갔다는 것이다. 그러나 다른 학자들은 권력이 선거인단으로부터 의회로, 그리고 다시 의회로부터 정부로 흐른다는 가정은 현실상황을 무시한 것이기 때문에 이러한 주장이 비현실적이라고 비판한다. 다시 말해서 권력이 정반대의 방향으로 흐를 수도 있다는 것이다.[12] 이와 같은 상반된 주장에 대해, 오늘날 국정의 운영에 있어서 행정부, 특히 총리와 핵심관료들의 주도적 역할이 확대됐으며, 이에 따라 의회의 역할이 크게 축소되고, 선거인단을 구성하는 국민들의 대부분은 정치적으로 무관심하거나 수동적이라는 것이 보편적인 견해이다. 어쨌든 선거권의 확대와 의회—행정부 세력균형의 변화와 같이 19세기 후반 이후에 이루어진 정치발전은 영국사회의 기본적인 권력구조나 계급구조를 근본적으로 바꾸지 않는 가운데 진행됐다는 점을 강조할 필요가 있다. 즉 지배계층의 주도권과 자본주의 경제체제에 타격을 주지 않는 가운데 민주적인 요소가 기존의 정치질서에 더해졌을 뿐이라고 말할 수 있다. 이처럼 영국의 헌정질서, 의회정치질서는 오랜 시간에 걸쳐 만들어져 왔고, 앞으로도 급격한 변화 없이 정치상황과 국민의 요구에 맞추어 천천히 변화할 것으로 여겨진다.

2장

모자이크 헌법과 '의회 속의 왕'

김웅진

영국에는 헌법이 없다?

어떤 나라의 정치를 제대로 이해하기 위해서는 먼저 그 나라가 갖고 있는 헌법을 통해 가장 기본적인 정치질서와 제도를 살펴봐야 한다. 영국정치의 흐름과 특징을 파악하는 데 있어서도 마찬가지다. 흔히 '영국에는 헌법이 없다'고 말하지만 사실이 아니다. 영국은 1215년 〈대헌장〉(Magna Carta Libertatum)이 선포된 이래 약 8세기에 걸쳐 현대 민주주의정치, 의회정치의 토대가 된 헌법적 원리들을 천천히 만들어 왔고, 단지 이러한 원리들이 하나의 문서로 정리되어 있지 않을 뿐이다. 영국의 헌법은 분명 존재하지만 한국헌법이나 미국헌법과 같은 성문헌법(written constitution)이 아니기 때문에 마치 헌법이 없는 것처럼 오해될 뿐이다.

1. 영국헌법의 원천

영국헌법은 한국이나 미국처럼 하나의 문서로 되어 있지 않다. 대신 정부구조, 정치권력의 기반, 시민의 기본권, 정부와 시민 사이의 관계 등에 관한 원

대헌장

1215년 6월 존 왕(King John)이 귀족들의 강요에 의해 서명한 문서. 세금징수, 법에 의한 통치 등 국왕의 권리를 문서를 통해 규정함으로써 왕의 권한은 축소된 반면 귀족과 성직자들의 권리가 확장되어 궁극적으로는 의회의 탄생을 초래했다. 영국 민주주의의 시발점으로 간주된다.

리들이 여러 가지 다양한 원천(source) 속에 흩어져 있다. 이러한 원천들 가운데는 관습으로만 존재하는 것도 있지만 성문화된(codified) 것들 역시 적지 않다. 그래서 딱히 불문법(unwritten law)이라 규정하기도 어렵다. 다시 말해 영국헌법은 성문법과 불문법이 뒤섞인 복잡한 정치적 약속이며, 영국 입헌군주제와 의회민주주의의 독특한 역사적 전통을 반영하는 사회계약의 소산이라고 볼 수 있다. 이제 영국 헌법의 원천이 되는 성문율, 관습법, 군주의 대권, 협약, 권위자의 저작, 조약과 EU법 등 여섯 가지 원천을 차례대로 살펴보자.[1]

(1) 성문율(Statute Law)

〈인신보호법〉(Habeas Corpus Act)[2], 〈인민대표법〉[3]이나 〈의회법〉(Parliament Acts)[4]과 같은 성문율들은 모두 의회에서 통과된 법률들이며 헌법의 원천으로서 강한 구속력을 갖는다. 영국 의회는 적어도 이론적으로는 어떤 법률이든 제정할 수 있기 때문에 성문율은 다른 어떤 헌법의 원천보다도 더 중시된다. 바로 그러한 측면에서 의회주권(parliamentary sovereignty)을 영국헌법의 가장 두드러진 특징으로 꼽는다.

(2) 관습법(Common Law)

관습법은 어떤 문제에 대해 앞서 내려진 법정의 판결들로 이루어진다. 즉

법적 판정은 같은 사안을 다룬 선례(판례)에 구속된다는 원리에 따라 만들어졌다. 시민의 기본권에 관한 조항들과 공공기관의 행위가 적절한 것인가를 판단함에 있어서 법정이 따라야 할 절차 등이 관습법에 해당된다.

(3) 군주의 대권(Royal Prerogative)

영국헌법이 갖고 있는 또 하나의 중요한 원천은 군주의 대권이다. 군주의 대권은 선전포고, 조약체결과 같이 전통적으로 국왕에게 주어진 정치적·법적 권한을 말한다. 국왕은 비록 형식적으로나마 대권을 통해 총리의 임명과 같이 중대한 정치적 역할을 수행하지만, 실제로 이러한 권한들의 대부분은 총리가 대신 행사한다. 그런데 대권행사는 의회의 승인을 필요로 하지 않기 때문에 행정부가 의회의 간섭을 피할 수 있는 길을 열어줌으로써 행정부의 독주를 가져올 가능성이 높다는 비판을 받기도 한다. 물론 의회는 필요하다고 판단될 때 대권을 제한하거나 폐지하는 법안을 통과시킬 수 있다.

(4) 협약(Conventions)

협약은 일정한 상황 속에서 반드시 따라야 할 정치적 절차를 말하며, 비록 법원의 판결에 의해 강제되지는 않지만 오랜 시간에 걸쳐 받아들여진 관습에

인신보호법(1679)

국가기관에 의한 부당한 장기구금에 따른 인권침해를 방지하기 위해 1679년 제정된 성문법. 이유를 명시하지 않은 체포는 위협으로 간주하고, 피구금자는 반드시 신속한 재판을 받아야 하며, 석방된 자는 어떠한 경우에도 같은 범죄를 이유로 다시 체포 또는 수감될 수 없도록 함으로써 인권의 법적 보장을 확대하는 데 중요한 계기가 됐다. 1803년, 1804년, 1816년과 1862년 네 차례에 걸쳐 수정된다.

의회법(1911, 1949)

1911년 최초로 통과되고 1949년 수정된 성문법으로서 헌법의 일부. 첫 번째 법(1911)은 하원이 상정한 법안을 부결시킬 수 있는 상원의 권한을 축소하여 하원의 우위를 분명히 했으며, 총선 간격을 최장 5년으로 단축했다. 1949년의 수정법은 상원이 법안심사를 지연시킬 수 있는 최장기간을 1년으로 단축해 상원의 권한을 더욱 제한했다. 그러나 1911년 이후 지금까지 상원이 반대한 법안은 단 11건에 불과하다.

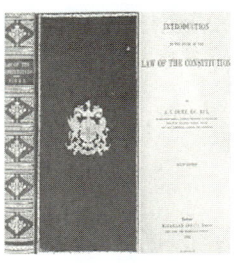

다이시의 「헌법연구강요」

영국의 저명한 헌법학자 알버트 다이시(Albert Venn Dicey, 1835~1922)는 1885년 출간한 『헌법연구강요』(An Introduction to the Study of the Law of Constitution)를 통해 법치의 원리가 훼손됨으로써 국민의 자유가 심각하게 침해받고 있다고 지적하면서, 영국에 있어서 국민의 자유는 의회주권, 행정부의 간섭을 벗어난 법원의 공명정대한 판결, 그리고 보통법의 우위에 달려 있다고 했다. 옥스퍼드를 떠나 런던정경대학(London School of Economics) 최초의 법학교수로 취임한 후 또 다른 명저 『법의 충돌』(Conflicts of Laws)(1896)을 출간했다.

기반을 두고 있다. 내각의 각료들은 의회에 대해 개별적·집단적 책임을 진다든가, 상·하 양원을 통과한 법안이 효력을 발휘하기 위해서는 반드시 국왕의 승인을 얻어야 한다는 등의 약속은 모두 협약에 해당된다.

(5) 권위자의 견해

저명한 헌법학자들의 저서나 견해도 헌법의 원천이 될 수 있다. 예컨대 1884년 처음 발간된 어스킨 메이(Erskin May)의 『의정실무』(Parliamentary Practice)나 알버트 다이시(Albert V. Dicey)의 『헌법연구강요』(1885)⁵⁾ 등이 이에 속한다. 이러한 저서들은 비록 법적 위치를 갖고 있지는 않지만 헌법의 해석과 관련된 모호성이나 분쟁을 해결하는 데 있어서 큰 영향력을 행사하여 왔다.

(6) 조약과 EU법

오늘날에 이르러서는 위에서 말한 것들에 더해 국제조약이나 영국이 속해 있는 유럽연합(EU)의 법, 혹은 유럽사법재판소(ECJ)의 판결도 영국헌법의 일부로 간주되고 있다.

2. 영국헌법의 핵심원리와 특성

(1) 핵심원리

영국헌법연구의 권위자인 다이시는 '법치' 와 '의회주권' 을 영국헌법의 가장 핵심적인 원리로 제시했다.[6]

■ 법치(Rule of Law)

법치는 통치자(정부)가 법 위에 군림하는 것이 아니라 어디까지나 법 아래에 있다는 원리이며, 다음과 같은 세 가지를 포함한다.

- 어떤 사람이든 법을 명백히 어기지 않고서는 처벌받지 않는다.
- 모든 사람은 계급과 신분을 막론하고 보통법의 구속을 받는다.
- 헌법의 일반조항들은 통치자의 일방적 선언이 아니라 특정한 사안에 대한 법원의 독립적 판단에 따라 만들어진다.

물론 현실에 있어서 법치의 원리가 액면 그대로 적용되는 것은 아니다. 예컨대 죄를 지은 것으로 밝혀지지 않은 사람도 범죄예방을 위해 구금되거나 범죄혐의가 있을 경우 체포될 수 있다. 따라서 법치는 실제로 작동하는 원리라기보다는 영국정치의 기본이념, 즉 자유주의(liberalism) 이데올로기를 표명한 것이라고 볼 수 있다.[7] 이와 같은 법치의 의미는 역사적으로 조금씩 달리 해석되어 왔으나, 오늘날에는 정부가 '법의 테두리 내에서 통치' 해야 한다는 뜻으로 받아들여지고 있다.

■ 의회주권(Parliamentary Sovereignty)

영국에서 법을 제정하거나 수정, 또는 폐지할 수 있는 유일한 주체는 의회다. 따라서 의회가 통과시킨 성문율은 가장 강력한 헌법적 위치를 갖게 되며, 모든 국가기관은 의회가 만든 법을 반드시 준수해야 한다. 이러한 원리는 17세기 후반에 이르러 헌법적 성격을 갖게 된 관습법의 일부이고, 어떤 법으로도 성문화되어 있지 않다. 만약 의회주권의 원리가 성문율이 된다면 즉시 힘을 잃을 수 있다.[8] 왜냐하면 그렇게 될 때 법의 제정에 있어서 절대적 권한을 가진 의회가 정치적 판단에 따라 의회주권의 원리를 스스로 폐기할 수도 있기 때문이다.

의회주권의 원리는 19세기 후반에 이르러 선거권이 확대됨에 따라 점차 퇴색되기 시작했다. 의회주권의 원리가 확립됐을 당시에는 성인남성의 5%에도 미치지 못하는 사람들만이 선거권을 갖고 있었으나, 오늘날 18세 이상의 성인 가운데 선거권이 없는 사람들은 극히 일부에 불과하다. 그렇다면 이제 누가 주권을 갖고 있다고 말할 수 있는가? 의회인가 아니면 의원들을 선출하는 국민인가? 또한 유권자의 확대는 의회와 행정부 사이의 세력균형을 무너뜨려 행정부에게 유리한 방향으로 바꾸어 놓았다. 수상을 포함한 행정부는 하원에서 가장 많은 의석을 가진 정당에 의해 구성되기 때문에 의회를 통제할 수 있으며, 따라서 의회주권의 원리는 약화될 수밖에 없다.

월터 바조트(Walter Bagehot)[9]에 따르면 영국헌법이 감추고 있는 '효율성의 비밀'(efficient secret)은 권력의 분립이 아니라 융합(fusion of power)이다.[10] 즉 영국헌법은 내각구성을 통한 입법권과 행정권의 융합을 지향하고 있다.

또한 대법원장(Lord Chancellor)은 상원의원이자 동시에 내각의 각료다. 더 나아가 무수한 행정심판소(administrative tribunals)들이 설치됨에 따라 행정부

는 위임입법(delegated legislation)의 절차를 밟아 정상
적인 의회의 승인을 거치지 않고서도 법을 만들 수
있다.

　이처럼 영국헌법에 의해 제도적으로 규정된 권
력의 융합은 한국헌법이나 미국헌법에서 볼 수 있
는 것과 같은 행정부－입법부－사법부 간의 견제와
균형의 여지를 없앤다. 실제로 행정부는 의회에 의
해 거의 견제를 받지 않을 뿐만 아니라 각료들이 소
속된 정당의 관습적 규율, 즉 엄격한 '정당 규율'
(party discipline)[11]을 통해 의회를 지배한다.

　20세기 후반에 접어들면서 국제정세와 경제상황
이 급격하게 변함에 따라 의회주권의 원리가 더욱
크게 손상됐다는 주장도 나타났다. 예컨대 EU법은
영국을 포함한 모든 회원국을 구속하며, 이 법이 회
원국의 국내법에 우선하기 때문에 의회가 더 이상
헌법적으로 전지전능하지는 않다는 것이다. 그러나
의회가 원할 경우 영국을 EU로부터 탈퇴시키는 법
을 통과시킬 수 있기 때문에 의회주권의 원리가 아
직 유효하다는 견해도 있다.

월터 바조트(1826~1877)
19세기 영국의 저명한 정치경제
분야 저널리스트. 장인이 설립한
《이코노미스트》(*The
Economist*)지의 편집인이 됨으
로써 세간의 주목을 끌기 시작
했다. 1861년 《이코노미스트》지
를 인수, 확장하고 1867년 의회
및 군주제의 기능과 영국정부－
미국정부 간의 차이점을 다룬
명저 『영국헌법』(*The English
Constitution*)을 출간했다. 이후
에도 『롬바드 스트리트』
(*Lombard Street*)(1873) 등의
저서와 수많은 글을 통해 사회
이론과 역사연구에 지대한 공헌
을 했다.

(2) 특성: 손쉬운 개정 가능성과 정치적 유연성

　영국헌법은 성문화되어 있는 것도 있고 그렇지 않은 것도 있으며, 또 다양
한 원천을 갖고 있을 뿐만 아니라 원천에 따라 영향력이 서로 다르기 때문에

적어도 이론적으로는 바꾸기 쉽다. 즉 의회를 통과한 성문율로 이뤄진 헌법조항도 다른 보통법과 마찬가지 절차를 통해 쉽게 개정될 수 있다. 그런데 바로 이러한 유연성이 영국헌법의 가장 큰 약점이라는 견해가 있다. 어렵게 만든 시민의 기본권에 관한 법률이 의회 내 다수당에 의해 하루아침에 폐기될 수도 있다는 것이다. 반대의 의견도 있다. 손쉬운 개정 가능성이 바로 영국헌법의 장점이라는 것이다. 한국헌법이나 미국헌법은 성문화되어 있어 개정하기가 매우 어렵다. 이와 달리 영국헌법은 낡은 조항들을 필요에 따라 제거함으로써 급변하는 정치상황에 효율적으로 적응할 수 있다는 것이다.

고귀한 의회 속의 왕

영국은 9세기에 이르러 잉글랜드의 가장 강력한 왕국으로 부상한 웨섹스(Wessex)의 알프레드 대왕(Alfred the Great, 871~899 재위)으로부터 시작하여 색슨

(Saxon) 왕가의 참회왕 에드워드(St Edward the Confessor, 1042~1066 재위), 노르만 (Norman) 왕가의 정복왕 윌리엄(William the Conqueror, 1066~1087 재위), 대헌장에 서명한 플란타저넷(Plantagenet) 왕가의 결지왕(缺地王) 존(John "Lackland", 1199~1216 재위), 장미전쟁을 종식시키고 왕권강화의 기틀을 마련한 튜더 (Tudor) 왕가의 헨리 7세(Henry VII, 1485~1509 재위), 명예혁명으로 축출된 스튜 어트(Stuart) 왕가의 제임스 2세(James II, 1685~1689 재위), 하노버(Hanover) 왕가의 조지 1세(George I, 1714~1727 재위), 그리고 현 윈저(Windsor) 왕가의 엘리자베스

고대 영국의 일곱 왕국

영국에 '국왕'이 언제부터 있었는가에 관해서는 논란이 있다. 1세기 로마의 정벌이 시작되기 이전에도 이미 프랑스 남부에서 건너온 켈트족(Celtic)이 만든 작은 왕국들이 있었는데, 이들은 오늘날의 잉글랜드와 웨일즈 부근에 흩어져 있었고 로마 정복자들과 결탁하거나 그들의 통치를 받았다. 그러나 5세기에 로마군이 떠나고 '암흑기'(Dark Ages)라 불리는 시기가 오자 앵글로 색슨계 게르만족, 즉 앵글족(Angles), 색슨족(Saxons), 주트족(Jutes) 등이 정착하여 왕국을 건설했다. 그 중 가장 강한 일곱 왕국인 이스트 앵글리아(East Anglia)·에섹스(Essex)·켄트(Kent)·노섬브리아(Northumbria)·머시아(Mercia)·서섹스(Sussex)·웨섹스(Wessex)는 모두 나름대로 왕을 두었으며, 때에 따라 하나의 왕국이 다른 왕국들을 지배했다. 이들은 8세기에 3개 왕국(노섬브리아·머시아·웨섹스)로 합쳐졌으나 9세기에 이르러 웨섹스가 가장 강력한 왕국으로 부상한다. 웨섹스의 알프레드 대왕은 영국전역을 장악하지는 못했지만 앵글로-색슨 왕(King of the Anglo-Saxon)이라 불리며, 따라서 그를 최초의 영국국왕으로 볼 수 있을 것이다. 10세기에 이르러 그의 후손들이 오늘날 잉글랜드라 불리는 통합왕국을 건설했다.

출처: 김현수(2003), 15~52; 김현수(2005), 15~80; en.wikipedia.org/wiki/British_Monarchy.

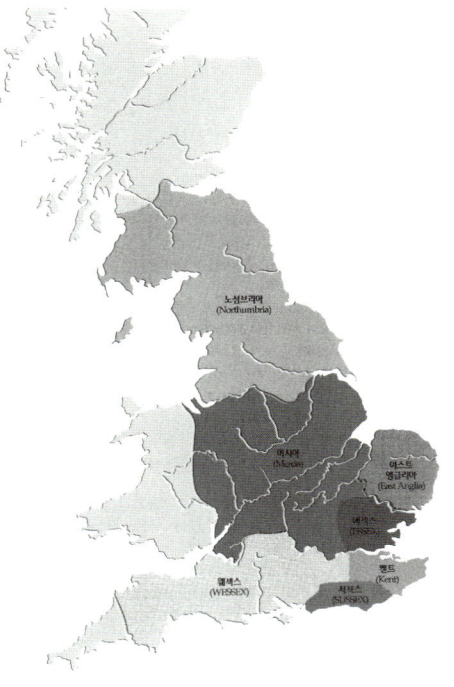

2세(Elizabeth II, 1952년 즉위)에 이르기까지 총 63명[12]의 **국왕**을 거치면서 1136년에 이르는 긴 기간 동안 군주제를 안정적으로 유지해 왔다. 17세기 초반까지 거의 절대적이던 국왕의 힘은 명예혁명 이후 점차 약화되어 오늘날 입헌군주제 하에서는 상징적인 의미에 불과하다. 그러나 아직도 국왕은 전통을 자랑스럽게 생각하는 영국국민들로 하여금 강한 국가적 자부심을 갖게 만드는 헌법상의 핵심기관이다.

1. 국왕의 지위와 권한

영국과 영국령 중 16개 국가의 국가수반으로서, 브리티쉬 모나크(British Monarch) 또는 소버린(Sovereign)이라 불리는 영국국왕의 지위는 다음과 같이 공식적으로 규정되고 있다.

> ...여왕[국왕]은 국가를 표상한다. 헌법상 여왕[국왕]은 행정부의 수반이자 입
> 법부의 중심부이며, 군의 최고통수권자이자 영국국교(Church of England)의 수

영국 국왕의 공식 깃발(Royal Standard)

영국 국왕의 공식 깃발은 국왕이 있는 건물과 선박이나 차량 등에 내걸린다. 이 깃발이 반기로 게양된 적은 단 한 번도 없다. 국왕이 승하하면 즉시 왕위가 계승되므로 국왕은 '항상 있기' 때문. 붉은 들판 위에서 '왼쪽을 보고 걷는 세 마리의 황금사자'를 담은 첫 번째와 네 번째 칸은 잉글랜드를 상징한다. 황금들판 위의 '붉고 사나운 사자'가 그려진 두 번째 칸은 스코틀랜드를, 그리고 푸른 들판의 황금문장(紋章)이 들어있는 세 번째 칸은 아일랜드를 상징한다.

버킹엄 궁(Buckingham Palace)

런던의 일부인 웨스트민스터 시에 위치한 국왕의 공식 거주지. 국왕이 베푸는 공식만찬이나 왕실인사의 세례식 등 다양한 의전에 사용되며, 영국을 방문한 외국 국가원수들도 이곳에 머무는 것이 상례다.

장이다. 군주의 절대권이 점차 축소되는 긴 진보과정 속에서 여왕[국왕]은 각료들의 조언을 받아 통치해 왔다. 오늘날 영국은 '여왕폐하의 정부' (Her Majesty's Government)에 의해 통치된다. 이러한 틀 속에서, 그리고 지난 100년간에 걸쳐 정치권력이 각료들에게 옮겨가는 추세에도 불구하고 여왕[국왕]은 아직 정부의 중요한 통치행위에 관여한다. 이러한 관여에는 의회의 소집, 정회, 해산과 의회에 의해 통과된 법안을 승인하는 일들이 포함된다. 여왕[국왕]은 또한 여러 가지 정부의 요직들을 임면한다.[13]

이처럼 국왕은 헌법에 따라 아래와 같은 '군주의 대권' 을 갖는다.

① 선전포고

엘리자베스 2세(1926~)

1953년 6월 공식 즉위한 후 오늘까지 영국과 16개 영연방 국가를 상징적으로 통치하는 영국의 국왕. 1926년 4월 21일 출생했으며, 윈저(Windsor)왕가에 속한다. 본명은 엘리자베스 알렉산드라 메리 윈저(Elizabeth Alexandra Mary Windsor). 10세 때 부친이 조지 6세로 즉위하면서 왕위계승자로 결정됐고, 즉위 전인 1947년 그리스 출신 필립 공과 결혼하여 장남 찰스 왕자를 포함한 네 자녀를 낳았다. 50년 이상의 재위기간 동안 처칠과 대처를 포함하여 현 토니 블레어 총리에 이르기까지 10명의 총리와 일했으며, 2차 대전 이후 영국의 국제정치·경제적 위상이 크게 하락한 상황 하에서 조용하면서도 적극적인 외교활동을 통해 국익보호를 위해 진력하고, 때에 따라 상당한 정치적 영향력을 발휘하기도 했다. 다이애너 전 왕세자비의 사망, 자녀들의 이혼 등 수많은 개인적 어려움을 겪었음에도 불구하고 모범적 입헌군주로서의 역할을 충실히 수행해 온 것으로 높이 평가되고 있다.

② 조약체결

③ 영토의 획득이나 포기

④ 군의 통수

⑤ 왕국을 보위하기 위해 필요한 모든 조치

⑥ 긴급한 상황 하에서 재산의 압류 또는 파괴와 외국인들의 구금

⑦ 관료임명

⑧ 정부의 통제와 운영

대권의 대부분은 국왕 자신이 아니라 국왕의 위임을 받은 각료들에 의해 행사된다. 그러나 의회의 해산과 같이 중요한 권한은 비록 명목적이나마 국왕이 헌법과 총리(내각)의 조언에 따라 직접 행사하기도 한다. 이와 같은 대권의 행사방식은 영국에 있어서 정치권력의 유일한 행사주체는 의회라는 헌법규정에 따른 것이다. 국왕은 상·하원, 행정부와 더불어 의회를 구성하는 비당파적 헌법기관이며, 따라서 '의회 속의 왕'(King-in-parliament)이라는 제한된 위치

를 벗어나지 못한다. 즉 19세기 이래 국왕은 정부의 '실질적 구성요소'(efficient part)가 아니라 '고귀하고도 형식적인 구성요소'(dignified part)로 간주돼 왔다.[14] 또 국왕은 앞서 말한 것과 같이 영국국교의 수장이지만 실제로는 캔터베리 대주교(Archbishop of Canterbury)가 교회를 이끈다.

2. 국왕의 정치적 힘

국왕의 대권 가운데 가장 중요한 것들로는 총리임명권과 의회해산권을 꼽을 수 있다. 국왕은 총선 직후 하원에서 가장 많은 의석을 얻은 정당의 지도자들을 초청하여 새 정부를 구성한다. 그러나 총선 결과 '의회의 정체현상'(hung parliament)[15]이 나타날 경우 어느 당으로부터 총리와 각료들을 뽑을 것인가는 전적으로 국왕의 손에 달려 있으며, 따라서 새 정부의 정치적 성격은 국왕에 의해 결정된다.

국왕은 의회해산권을 통해 정치에 직접 관여할 수 있다. 예컨대 의회 내에서 과반수 이상의 의석을 갖고 있지 못한 정당이 주도하는 소수파 정부(minority government)가 정치적 입지를 강화하기 위해 조기총선을 요구할 때, 국왕은 조기총선을 위한 의회해산을 거부하고 다른 정당의 지도자들을 불러 연합정부(coalition government)를 구성하도록 유도할 수 있다. 헌법은 이러한 국

의회의 정체현상

어떤 정당도 의회 내에서 우위를 차지하지 못하는 상황. 1위대표제를 갖고 있는 의원내각제 국가의 총선거에 있어서 강력한 지역정당이나 군소정당이 많은 의석을 얻거나, 과반수를 조금 넘는 의석을 가진 집권정당이 소속의원들의 당적변경 내지는 보궐선거에서의 패배로 과반수를 잃을 때 나타난다.

소수파 정부

하원에서 과반수에 미치지 못하는 의석을 갖고 있는 정당에 의해 구성된 정부. 야당들이 불신임결의를 할 경우 쉽게 무너져 다수파 정부에 비해 훨씬 불안정하다.

연합정부

의원내각제 하에서 몇 개의 정당들이 연합하여 구성한 정부. 하원에서 어떤 정당도 우위를 차지하지 못할 때, 혹은 전쟁과 같은 국가적 위기가 발생할 때 이뤄진다. 특히 위기상황 하에서 모든 정당들이 연합하여 만든 정부를 통합정부 내지는 대연정(大聯政)이라 부른다. 영국에서의 연합정부는 1924~1945년에 나타났다.

글래드스턴 총리(1809~1898)

왕의 정치적 간섭에 관한 지침을 전혀 갖고 있지 않기 때문에, 국왕은 비록 상징적 존재에 불과하나 때에 따라 상당한 정치적 힘과 영향력을 발휘할 수 있다.

3. 국왕의 실질적 기능

"국왕의 고귀한 능력이 지닌 효용성은 무한하다. 만약 국왕이 없다면 오늘날의 영국정부는 무너져 없어질 것이다." (월터 바조트)[16]

국왕은 오늘날의 입헌군주제 하에서 상징적인 권한밖에 갖고 있지 못하지만, 아래와 같은 실질적 기능을 행사한다.[17]

① 국가통합의 상징: 국왕은 어디까지나 국가통합의 상징이며 애국심을 불러일으키는 원천이 된다. 즉 자칫 잘못하면 히틀러의 나치즘처럼 뒤틀린 방식으로 드러날 수 있는 국민적 자부심이나 민족적 우월감을 화려하고도 장엄한 상징과 의식(儀式)을 통해 적절히 통제하는 기능을 수행한다.

② 국가수반으로서의 의전기능: 국왕은 공식적 국가수반의 자격으로 외교사절의 영접이나 해외순방, 의회의 개회선언 등 여러 가지 정치적·외교적 의전을 담당함으로써 선거를 통해 선출된 실질적 국가 지도자들, 즉 총리나 각료들이 국가경영과 현실정치에 전념할 수 있도록 한다.

③ 정치적 조언과 조정: 비록 형식적이고도 제한적이지만 국왕은 오랜 국정 관여

경험을 통해 정치지도자들에게 귀중한 조언을 할 수 있으며, 앞서 말한 것처럼 의회가 정치적 위기에 빠질 때 독자적인 조정기능을 발휘하기도 한다. 예컨대 19세기 영국의 가장 위대한 총리로 여겨지는 글래드스턴(William Ewart Gladstone)은 빅토리아 여왕과 자주 충돌했음에도 불구하고 여왕이 "지혜롭고 우아하며 지속적인 영향력을 행사"한다고 극찬한 일이 있다.[18]

한편 오늘날에는 그다지 설득력 있는 견해라고 볼 수 없으나, 바조트는 국왕이 현실정치의 모습을 국민들의 눈으로부터 가리는 기능을 한다고 보았다. 즉 영국국민의 정치적 정서는 의회정치와 잘 어울리지 않기 때문에 국민들이 현실정치의 실상을 알게 되면 "놀라서 거의 벌벌 떨 것"이라는 것. 군주제는 이처럼 복잡한 의회정치의 전개과정을 잘 이해하지 못하는 단순한 대중들에게 '이해할 수 있는 정부'(intelligible government)의 이미지를 제공하는 가면(façade)의 역할을 한다는 것이다.[19]

4. 군주제에 대한 찬반론

1990년대에 들어서면서부터 찰스 왕세자(Charles, Prince of Wales)의 이혼과 재혼, 아직도 석연치 않은 다이애너 왕세자비의 죽음 등 왕실인사들을 둘러싼 스캔들이 불거졌다. 과도한 왕실유지비용에 대한 비판의 목소리도 높다. 이에 따라 과연 지금과 같은 형태의 군주제를 계속 유지할 필요가 있는가에 관한 논쟁이 커져왔다. 군주제를 찬성하는 사람들은

찰스 왕세자(1948~)

버킹엄 궁 앞에서 근위병들의 퍼레이드를 관람하는 관광객들

왕실은 국가통합의 상징이며 대외적으로 영국의 고유한 이미지를 부각시키는 중요한 기능을 행사할 뿐만 아니라, 급격한 사회변동 속에서 영국적 전통을 지켜나갈 수 있도록 해준다고 주장한다. 또 왕실유지비용은 군주제의 유지에 따른 관광수입보다 훨씬 적은데다, 국왕은 정치적 중립을 유지할 수 있기 때문에 의회가 위기에 빠질 때 이를 적절히 조정할 수 있다고 말한다.

그러나 군주제의 폐지를 주장하는 사람들의 비판도 만만치 않다. 우선 왕위계승제가 본질적으로 민주주의의 원리에 어긋날 뿐만 아니라, 호화스러운 왕실의 유지는 국가통합을 가져온다기보다는 국민들로 하여금 신분에 따른 경제사회적 격차를 느끼게 할 뿐이라는 비판이다. 게다가 일부 왕실인사들의 비도덕적 행위로 인해 왕가는 더 이상 국민들에게 모범적 가족의 모습을 보여주지 못하고 있으며, 왕실유지에 따른 관광수입은 공공회계로 들어가지 않기 때문에 납세자들에게 과도한 부담을 준다고 주장한다. 그리고 총리처럼 국민에 의해 선출된 정부수반도 현재 국왕이 수행하고 있는 모든 의전기능을 충분히 감당할 수 있다는 것이다.

이러한 찬반론에도 불구하고 영국의 군주제는 쉽게 없어지지 않으리라는 전망이 우세하다. 국왕은 명예혁명 이래 앞서 말한 '의회 속의 왕'이라는 위치를 벗어나지 않는 가운데 의회와의 안정된 정치적 균형을 성공적으로 유지해 왔다. 특히 두 차례의 세계대전을 겪으면서 영국의 국가적 상징으로서의 책임을 충실히 수행하는 가운데 큰 신뢰를 쌓아왔다. 아직 많은 영국국민들은 군주제와 그 상징들을 통해 강한 국가적 자부심을 느끼고 있다. 이렇게 볼 때 영국의 군주제는 완전히 폐지된다기보다는 오랜 역사 속에서 그렇게 변해온 것처럼 시대상황이 요청하는 바에 따라 보다 민주적으로 진화할 것이다.

3장

빅벤과 두 개의 방: 귀족원과 평민원

안승국

현대 민주주의의 상징은 의회정치다. 영국은 일찍이 의회제도를 형성시켰기 때문에 민주주의의 모국으로 불린다. 민주주의의 전당인 의사당은 웨스트민스터 사원 동쪽 템즈 강변에 서있다. 상·하원이 열리는 웨스트민스터 궁은 1834년 화재로 소실되어 1867년 신축된 것이다. 당시 영국은 산업혁명의 절정기에 있었지만 이러한 흐름과는 달리 의사당은 중세의 신고딕양식으로 건축됐다. 산업혁명을 계기로 도시화와 인구증가가 급속히 진행되고 있어 상당히 혼란스러운 상황이었기 때문에 중세의 종교철학으로 사회를 정화시키고자 했다는 이야기가 전해진다. 의사당 양쪽에 있는 빅벤과 빅토리아 타

유니온 기가 휘날리는 의사당

위는 런던의 명물로 자리 잡고 있다. 특히 의회의 회기 중에는 빅토리아 타워에 국기가 게양된다.

의회는 언제 생겼나?

영국에서 의회를 지칭하는 용어인 팔러먼트(Parliament)는 미국 의회인 콩그레스(Congress)와는 달리 의회와 내각이 융합되어 있는 것을 의미한다. 영국 의회의 기원은 앵글로 색슨 시기, 즉 9~11세기의 〈현인회의〉(Witenagemot)에서 찾아볼 수 있다. 〈현인회의〉는 성직자와 귀족들의 모임으로 국왕의 자문기구 역할을 수행했다. 노르만 정복 이후에는 봉건제가 수립되면서 현인회의는 봉건귀족으로 구성된 등족회의(또는 신분제의회)로 대체됐다. 이 회의

팔러먼트

불어 parlement에서 유래한 말로 토론 또는 토론을 위한 모임을 의미. 한편 콩그레스는 시민들의 모임.

등족회의

중세시기 재정적 어려움에 놓여 있던 국왕이 봉건귀족들에게 자문을 구하기 위해 소집됐다. 절대왕정의 등장으로 영국을 제외한 대부분 국가에서 소멸됐다.

11세기의 현인회의

Witenagemot은 고대영어로서 '지혜로운 사람들의 모임'(meeting of wisemen)을 의미. 현인회의는 앵글로 색슨의 일곱 왕국에 각기 존재했으며 고위 성직자와 충성서약을 한 귀족들로 구성됐다. 후기에는 토지를 기반으로 한 캔터베리 대주교, 요크 대주교 등 성직자들의 영향력이 강화됐다. 자문 및 토론이 주 임무였지만 법률에 대한 형식적인 의결권을 갖고 있었다.

는 대회의(Magnum concilium)와 소회의(Curia Regis)로 나뉜다. 왕실회의로도 불렀던 소회의는 훗날 재판소와 재무부 등의 정부기관으로 변모했고 대회의는 그 성격을 그대로 유지했다. 그러나 당시의 대회의는 현재의 의회와는 많은 차이가 있었다. 우선 의회의 가장 중요한 권한인 법을 제정하는 권한(입법권)을 갖지 못했고 단지 국왕의 입법과 과세에 대해 동의 또는 거부할 수 있는 권한만 허락됐다. 그나마 과세동의권도 형식적이었으나 1215년 〈마그나 카르타〉를 계기로 권한이 강화됐다.[1]

헨리 3세(Henry III, 1216~1272 재위)가 재위 중이었던 1246년 회의의 명칭이 팔러먼트로 수정됐다. 그러나 여전히 국민의 대표기관이라기보다는 국왕의 통치를 지원하는 보조기관에 불과했다. 국왕의 독단적 통치에 반발하여 당시 귀족의 실세였던 몽포르(Simon de Montfort)는 귀족과 성직자, 기사와 평민이 참가하는 의회를 1264년과 1265년 두 차례에 걸쳐 소집했다. 그러나 평민은 참석하지 않는 것이 관례였으므로 여전히 의회는 귀족과 성직자의 손 안에 있었다. 이와 같이 초기 영국 의회는 다양한 신분을 대표하는 기관이라기보다는 귀족회의 내지는 궁정회의의 성격이 강했다.

평민들은 1295년에 이르러서야 의회에 참여할 수 있었다. 당시 국왕이었던 에드워드 1세(Edward I, 1272~1307 재위)는 성직자, 귀족, 기사, 시민대표 등으

시몽 드 몽포르(1208~1265)
영국 의회를 수립하는 데 산파역을 맡았던 인물. 헨리 3세가 실정을 거듭하자 1258년 반란을 일으켜 통치권을 15명의 귀족에게 양도할 것을 내용으로 하는 〈옥스퍼드 조례〉를 국왕에게 인정토록 했다.
국왕이 거부하자 1262년 군대를 일으켜서 1264년 루이스 전투에서 왕을 사로잡았다. 1265년 〈선량의회〉(Good Parliament)를 소집했으나 여전히 귀족 중심이었다. 프랑스 귀족 출신인 몽포르가 잉글랜드의 대변자로 자처하자 당시 자신들을 프랑스인과 동일시했던 영국귀족들이 잉글랜드인의 정체성을 갖게 됐다.

로 이뤄진 이른바 〈모범의회〉를 소집했다. 〈모범의회〉는 민주적 절차에 따라 선출된 대표들로 구성된 것은 아니었다. 그러나 당시의 신분계층을 모두 참여시킨 포괄적인 형태의 의회를 구성했다.[2] 이후 에드워드 3세(Edward Ⅲ, 1327~1377 재위) 시기에 별도의 의결기구(Convocation)를 갖고 있었던 하위성직자들이 〈모범의회〉에 불참하게 되면서 신분에 따른 회의가 각각 생겨났다. 귀족과 성직자는 귀족원을, 기사와 평민들은 평민원을 구성했다. 이에 따라 의회는 상·하원으로 분리됐다.

에드워드 3세 시기인 1340년 모든 과세에 대해 의회의 동의를 구하도록 함에 따라 세입에 대한 의회의 동의권이 확립되기 시작했다.[3] 과세에 대한 동의권은 청원권을 통한 입법을 가능하게 했다는 데 의미가 있었다. 그러나 청원권은 글자 그대로 국왕에게 청탁하는 권한에 불과해 수락여부는 전적으로 국왕에게 달려 있었다. 따라서 의회는 과세에 대한 동의를 해주고 국왕으로부터 입법발의권을 얻어냈던 것이다. 이와 같이 이 시기의 의회는 독립적이고 상설적인 기관이 아니라 국왕의 필요에 의해 소집되는 정부기관의 성격을 갖고 있었다. 의회는 국왕에 대항하기 위해서가 아니라 보좌하기 위해서 소집되는 것이었으며, 열릴 때마다 반 이상의 의원들이 교체되었기 때문에 효율적인 활동은 불가능했다. 또한 국왕이 최고행정기관인 추밀원(Privy Council)을 통해 의회 활동에 개입하였으므로 의회는 독립적인 위치를 갖고 있지 못했다.[4]

이처럼 절대군주의 통치 아래에 놓여 있던 의회는 국왕이 위임한 업무를 처리하는 것이 주된 임무였으며 대부분의 결정은 국왕의 의도대로 진행됐다. 이 시기에 국왕이 의회를 소집했던 가장 중요한 이유는 과세문제였으며, 의회는 소집이 전적으로 국왕에게 달려 있었으므로 국왕의 과세에 대부분 동의했다. 주변 국가들과의 전쟁도 과세승인의 중요한 배경이었다. 그러나 전쟁이 마무리되면서 국왕의 과세안은 의회에서 거부당하기 시작했다. 추밀원도 점차 의회에 대한 영향력을 잃어갔다. 이러한 상황에서 1620년대에 이르러 찰스 1세(Charles I, 1625~1649 재위)는 군주권을 확립할 목적으로 왕권신수설을 받들면서 의회를 무시한 독재를 행하게 되었다.[5]

억압적 군주제에 대한 저항은 1640년 〈청교도 혁명〉으로 나타났으며 이를 계기로 의회는 국민대표기관의 위치를 차지하게 되었다. 1649년 혁명의 지도자 크롬웰(Oliver Cromwell)은 인민협약(Agreement of the People)을 통해 의회는 인민에 의해 구성돼야 하고, 1653년 정부조직법(Instrument of Government)을 통해 주권은 의회에 참여한 국민의 대표자에게 있다고 규정함으로써 의회의 대표성을 강조하였다. 의회가 내각을 구성하는 내각제를 형성하게 된 계기는 1688년의 〈명예혁명〉이었다.[6] 원래 〈명예혁명〉은 의회의 권한을 강화하여 왕권을 제압하기보다는 의회와 정부의 분리를 통해 권력분립을 확립하려는

올리버 크롬웰 (1599~1658)

〈청교도 혁명〉을 주도한 크롬웰은 의회의 권한을 확대하는 데 기여했지만 자신의 권력을 강화하기 위해 의회를 탄압하기도 했다. 그는 1628년 헌팅던(Huntingdon) 선거구 출신으로 의회에 진출했으나, 다음 해 의회는 찰스 1세에 의해 해산되고 11년간 한 번도 소집되지 않았다. 이러한 상황에서 1641년 11월 의원들은 케임브리지(Cambridge) 선거구 출신의 존 핌(John Pym) 등이 주도한 의회의 군대통수권과 의회의 성직자 임명을 핵심으로 하는 '대간의서'(大諫議書Grand Remonstrance)를 통과시킨 후 찰스 1세에게 제출했으나 국왕은 승인을 거부했다. 오히려 찰스 1세는 존 핌 등을 반역죄로 몰고 군사를 동원했다. 크롬웰은 내란이 발발하자 기병대를 조직하여 전투에 참여했다. 의회파의 승리로 내전이 종결된 후 크롬웰은 공화정을 선포하고 단원제 의회의 집행기구인 국무회의의 제1의장이 되었다. 1653년 4월 20일 그는 군대를 동원하여 의원들을 강제로 축출하고 자신의 측근들로 의회를 구성했다. 이어 크롬웰은 3년마다 소집되는 의회와 국무회의의 자문을 받으며 잉글랜드 · 스코틀랜드 · 아일랜드 세 나라를 통치하는 호국경(Lord Protector)에 취임했다.

시도였다. 그러나 앤 여왕(Queen Anne, 1702~1714 재위) 이후 왕위를 계승한 조지 1세(George I, 1714~1727 재위)와 조지 2세(George II, 1727~1760 재위)는 독일의 하노버가 출신으로 영어를 하지 못해 국정을 내각에 일임했으며, 이에 따라 국왕은 군림하지만 통치하지 않는다는 원칙이 수립되었다. 〈명예혁명〉 이후 윌리엄 3세(William III, 1689~1702 재위)는 의원들 중에서 관료를 선임하여 내각을 구성했다. 1832년 선거법 개정 이후 다수당이 내각을 구성하고 다음 선거에서 집권당이 국민의 지지를 받지 못하면 야당에 의해 내각이 교체되는 관행이 형성되었다. 19세기에 이르러 의회는 세 차례에 걸친 선거법 개정을 통해 명실상부한 국민의 대표기관으로 확고히 자리 잡았다. 이로써 지주와 귀족의 권력독점에서 벗어나 상공업자와 노동자의 권익을 추구할 수 있는 조건을 마련하게 되었다. 이 시기에 새로이 유권자의 지위를 갖게 된 노동자를 대표하는 정당은 자유당이었으며 20세기에 들어와 그 역할은 노동당에게 넘겨졌다.

웨스트민스터 궁의 두 개의 방

영국의 최고 입법기관인 의회는 군주, 귀족원과 평민원으로 구성되어 각기 입법에 관여할 수 있다.[7] 따라서 입법은 삼자 간 합의의 산물이다. 즉 상원과 하원을 통과한 법안에 국왕이 동의해야(Royal Assent) 비로소 입법이 완료되는 것이다. 그러나 18세기 이래로 국왕이 동의를 거부한 사례가 없으므로 실질적으로 국왕의 권한은 상징에 불과하다고 할 수 있다. 〈명예혁명〉 이후의 관행대로 국왕은 통치하지 않지만 적어도 형식상으로는 주요 정치행위자로서 의회활동에 관여하고 있다. 국왕은 10월 말에서 11월 초에 시작되는 회기 초에 상원에 출석하여 상·하원 의원들 앞에서 정부의 정책개요와 입법예고에 대한 국정연설을 하며 정회 시에도 1년간 의회의 활동에 대해 연설(대부분의 경우 대독)한다.

1. 평민의 방: 하원

하원의 내부

하원의 좌석은 녹색이며 중앙 테이블을 중심으로 의원들이 양쪽으로 나뉘어 자리에 앉는데 지정좌석은 없다. 일부 의원들은 단상 앞쪽에 서있기도 한다. 발언권이 있는 의원들은 자기 자리에서 일어나서 말하는데 방이 크지 않으므로 마이크를 사용하지 않더라도 다 알아들을 수 있다. 토론이나 답변을 듣는 중에 야유가 나와 발언이 중단되면 의장은 '질서'를 외치며 정회를 하기도 한다. 하원의원들은 발언 시간을 자유롭게 사용할 수 있어 필요에 따라 야당의원들은 미국의회의 '의사진행방해' (filibuster)와 같이 회의종결시까지 발언함으로써 법안표결을 원천봉쇄하기도 한다.

하원(House of Commons)은 659개 지역선거구에서 유권자들이 직접 선출한 의원들로 구성된다. 대체로 각 선거구의 의원 수는 인구비례에 따라 결정된다. 지역별로 잉글랜드 529명, 웨일즈 40명, 스코틀랜드 18명, 북아일랜드 18명이다. 임기는 5년이지만 임기가 끝나기 전에 총선이 실시되는 경우가 많다.

2001년 총선에서 선출된 하원의원 629명의 출신 배경을 살펴보면 52명이 노동자 출신이고, 3분의 2 이상이 대학교육을 받았으며, 3분의 1 이상이 공립학교 출신이었다. 의원들의 연령은 높은 편이며 30세 이하는 5명에 불과하다. 이렇게 볼 때 대학교육을 받은 중산층 출신 중년 백인남성이 하원의원의 표준이라고 할 수 있다.

하원에서는 회의를 진행하는 하원의장(Speaker of the House of Commons)이 중요한 위치를 차지한다. 근대시기에 하원의장은 하원의 결정을 국왕에게 전달하고 의원들의 의사를 국왕에게 알려주는 역할을 했다. 의장은 1258년부터

2001년 선출된 하원의원의 직업별 분포

직업/정당	노동당	보수당	자유민주당
변호사	31	31	6
공무원	30	2	3
교육	98	7	12
기타전문직	20	24	6
사업	33	60	14
노동	51	1	0
사무직	73	2	1
정치인	44	18	4
언론인	32	14	4
기타	0	7	1
합계	412	166	51

출처: Bentley(2005)

존재했으나 1377년부터 의원들에 의해 선출되기 시작했으며 최초의 선출직 의장은 헝거포드(Thomas Hungerford)였다. 이러한 전통은 현재까지 유지되어 의장은 원로의원들 중에서 선출되고 있다. 일단 의장에 선출된 사람은 소속정 당을 탈당하여 정당의 영향에서 벗어남으로써 정치적 중립을 유지한다. 의장 의 탈당은 내각제가 도입되면서 나타났다. 의장은 소속정당이 없기 때문에 지 역구는 갖고 있지만 정치활동은 하지 않는다. 그러나 본인이 원하면 대부분 자신의 지역구에서 재선출되는 것이 관례다. 또한 다수당이 바뀌어 정권교체 가 이뤄져도 하원의장은 스스로 물러나지 않는 한 계속 의장직에 있게 된다.

하원의장의 가장 중요한 역할은 하원의 입법활동과 의사진행이 원활하게 이루어질 수 있도록 하는 것이다. 따라서 원칙적으로 의장은 의원들의 발언권 을 보장하고 다양한 의견이 교환되도록 한다. 의장은 규칙에 따라 의사를 진 행하고 의사진행의 방해에 적절하게 대응한다. 또한 의결과정에 직접 관여하

상원의 내부

상원의 좌석은 붉은색이며 하원에 비해 자유롭고 느슨한 분위기다. 상원의원들은 의장의 허락 없이 발언하고 토론할 수 있다. 의장은 금실로 장식한 검정색 로브를 입고 양모방석에 앉아 회의를 주재한다. 19세기까지는 표결이 있을 때 종을 쳐서 의원들을 소집했으며 모래시계로 시간을 재서 출입구를 봉쇄했다.

지 않고 찬·반 표가 동일한 경우에만 표결권을 행사한다.

하원대표(Leader of the House of Commons)는 총리에 의해 임명되며 내각의 구성원으로 상원 내에서 정부업무를 추진하는 역할을 맡고 있다. 하원 회기 중 75퍼센트를 차지하는 정부제출법안 의결과정에 관여하면서 법안에 관한 소개와 홍보를 하는 것이 주 임무다. 또한 하원대표는 총리를 대신해 질의시간에 출석해 답변을 대신하기도 한다. 2001년 총선 직후 하원대표에 임명된 쿡(Robin Cook)은 2003년 정부의 이라크전 참전안에 반대해 하원대표직을 사임했다. 2006년 현재 스트로(Jack Straw)가 하원대표를 맡고 있다.

2. 귀족의 방: 상원

상원(House of Lords)은 성직귀족(Lords Spiritual), 세속귀족(Lords Temporal), 법률귀족(Lords of Appeal in Ordinary)으로 구성되며 종신직이다. 하원과는 달리 상원의원의 수는 고정돼있지 않으며 2006년을 기준으로 713명이다. 이들 중 의회에 참석하는 의원수는 250명에서 350명 사이다. 구성은 영국 국교회 성직귀

족 26명, 세속귀족 중 21세 이상의 성인에게 지위가 세습되는 세습귀족 (hereditary peers) 92명, 귀족지위가 본인에 한정되는 당대귀족(life peers) 595명이다. 종신귀족 중 일부는 하원의원직에 있었던 사람이며 의정활동의 공로를 인정받아 총리의 추천으로 국왕에 의해 임명됐다. 2000년에는 임명위원회가 구성돼 정당에 소속돼있지 않은 15명의 귀족을 상원의원에 임명하여 상원의 구성에 변화를 추구했다.

왕가의 구성원 중 엘리자베스 여왕의 부군인 필립 공(에딘버러 공작, Duke of Edinburgh)과 찰스 왕세자(웨일즈 왕자, Prince of Wales), 앤드루 왕자(요크 공작, Duke of York)가 상원의원직을 갖고 있다. 양원제 수립 이후 왕실가족들이 상원의원직을 갖는 것은 오랜 관행이지만, 1998년 블레어 내각은 당대귀족을 중심으로 상원을 개편하고 세습귀족들을 상원의원직에서 물러나게 하는 상원개혁안을 발표했다. 상원개혁안의 핵심은 세습귀족의 의원직을 박탈하고 당대귀족들과 선거구 선출의원들로 상원을 재구성한다는 것이었다. 이러한 개혁안은 1999년 상원에서 통과돼 왕립위원회(Royal Commission)를 중심으로 새로운 상원의원 선출방안을 추진 중이다. 그러나 노동당은 물론 보수당 내에서도 선출직 상원의원 비율에 관해 다양한 견해가 제시되고 있어 합의가 지연되고 있다. 상황이 이렇게 되자 블레어 정부는 일단 상원개혁의 일환으로 상원의장직을 재편하기로 결정하고 법무부(Department for Constitutional Affairs)를 신설했다.

2003년 상원 분과위원회의 제안과 2005년 헌법개정법(Constitutional Reform Act 2005)의 규정에 따라 상원의장(Speaker of the House of Lords)직이 신설됐다. 상원의장은 대법원장(Lord Chancellor)이 겸직했던 상원의 업무 대부분을 담당하게 되며, 5년 임기로 중임이 가능하다. 대법원장은 법무부 장관으로서 법원관련 직무만을 수행하게 되었다. 2005년까지 대법원장이 겸직했던 상원의장은 총리에 의해 임명됐으며 상원의원의 동의를 필요로 하지 않았다.

상원의장은 하원의장과 유사한 업무를 수행한다. 그러나 하원의장과 달리 당적을 보유하면서 표결에도 참여할 수 있다. 상원은 자율적으로 운영되어 왔기 때문에 상원의장의 역할은 제한적이다. 즉 신설된 상원의장직도 과거 대법원장이 겸직했을 때와 마찬가지로 발언순서나 법안수정에 대한 권한이 없다. 따라서 법안의 소개와 표결 결과만 발표하는 역할을 하게 된다.

상원대표(Leader of the House of Lords)는 총리에 의

헤이만 상원의장(Baroness Hayman)

2006년 역사상 처음으로 임기 5년의 선출직 상원의장에 당선된 농무장관 출신의 헤이만 남작. 상원의장이 선출됨에 따라 전 상원의장 팔코너(Charles Leslie Falconer)는 법무부 장관과 대법원장직만을 수행한다.

에이모스 상원대표(Valerie Ann Amos)

영국 최초의 흑인여성 상원대표. 블레어 총리에 의해 임명됐으며, 상원개혁의 임무를 띠고 있다. 여성으로서는 세번째. 1997년 상원대표가 되면서 남작 작위를 받았다. 영국의 콘돌리자 라이스로 불리며, 외무차관과 국제개발부 장관을 거쳤다.

작위와 귀족서열

영국의 작위는 11세기 노르만 정복이후 형성되었으며 공작(duke), 후작(marquess), 백작(earl), 자작
(viscount), 남작(baron)의 귀족과 귀족의 가신으로서 sir로 지칭되는 준남작(baronet)과 기사(knight)가 있다.
작위는 세습이 가능하며 장자상속제가 확립된 것은 엘리자베스 1세 때부터이다. 한 사람이 여러 개의 작위를
가질 수 있으며 이 경우 가장 높은 작위로 호칭된다. 공작은 귀족 중 가장 높은 작위로 지도자를 의미하는 라
틴어 dux에서 비롯된 것이다. 공작의 작위는 일반공작과 왕실공작(royal duke)으로 구분되며 웨스트민스터
(Westminster)의 그로스베너(Grosvenor), 웰링턴(Wellington)의 웨슬리(Wellesley), 데본(Devon)의 카벤디쉬
(Cavendish) 등 20여 개의 가문이 작위를 갖고 있다. 후작은 국경지대를 방어하는 백작들에게 수여한 작위
였으며 잉글랜드와 스코틀랜드가 합쳐진 스튜어트 왕조이후로 많이 생겨났다. 후작가문으로는 브리스톨
(Bristol)의 허비(Hervey), 엑시터(Exeter)의 세실(Cecil), 앵글시(Anglesey)의 파제트(Paget) 등 30여 개가 있
다. 백작은 행정구역인 주(shire)를 지배하던 영주로 영국작위 중 가장 오래된 것이다. 백작가문으로는 글라스
고우(Glasgow)의 보일(Boyle), 데본(Devon)의 코트네이(Courtenay), 스펜서(Spencer)의 스펜서(Spencer)
등 수백 개가 있다. 자작은 백작의 부관 또는 대리인 역할을 하던 작위였다. 남작은 노르만 정복이후 유럽대
륙에서 전래된 것으로 상원에 출석할 수 있는 가장 낮은 작위이다. 주로 평민에게 수여되며 경(Lord)으로 호
칭된다.

에딘버러 공작 필립공(Philip Mountbatten)

요크 공작 앤드루(Andrew Albert Christian
Edward Windsor)

영국의 의전서열(상위 10) ①여왕 ②에딘버러 공작
(여왕의 부군인 필립공) ③왕자(찰스, 앤드루, 에드
워드) ④공주 ⑤캔터베리 대주교 ⑥상원의장 ⑦요
크 대주교 ⑧총리 ⑨추밀원의장 ⑩하원의장

해 임명되며 정부가 제출한 법안이 통과되도록 조정하는 역할을 한다. 상원대표는 내각의 구성원이며 필요한 경우 상원의 입법과정에 대해 조언할 수 있지만 구속력은 없다. 또한 상원대표의 불참 시 이를 대행할 부대표도 총리가 임명한다.

3. 취약한 위원회 제도

의회의 활동은 주로 위원회를 통해 이뤄진다. 1907년 이래 상임위원회가 법안을 심의하는 것은 관행이 됐으며 정부 각 부처의 활동을 감독하기 위한 분과위원회는 1979년에 조직됐다. 상임위원회는 법안의 세부내용을 검토하는 일을 한다. 따라서 법안의 내용에 대해 토론하고 수정을 제안한다. 그러나 위원회가 독자적으로 할 수 있는 것은 많지 않고 일부 수정을 제안할 수 있을 뿐이다. 또한 상설조직을 의미하는 명칭과는 달리 실제로는 특정 법안의 심의를 위해서 임시적으로 구성되기 때문에 위원회 내부의 결속력은 강하지 않다. 새로운 정책쟁점이나 복잡한 법안을 처리하기 위해서 특별상임위원회라는 이름으로 구성되기도 한다.

분과위원회는 정부 부처의 예산집행, 행정 및 정책 전반에 대해 조사하고 그 내용을 하원에 보고하기 위해 조직된 것이다. 현재 분과위원회는 각 위원회에 11명의 의원으로 구성돼 있으며(북아일랜드 위원회 13명, 환경·식량·농촌위원회 17명), 위원회 구성에는 정당의 원내총무단이 영향력을 행사한다. 분과위원회의 정당별 구성은 대체로 정당의 원내 의석수에 비례한다.

법무위원회(Constitutional Affairs)

문화 · 매체 · 스포츠위원회(Culture, Media & Sport)

국방위원회(Defence)

교육 · 기능위원회(Education & Skills)

환경 · 식량 · 농촌위원회(Environment, Food & Rural Affairs)

외무위원회(Foreign Affairs)

보건위원회(Health)

내무위원회(Home Affairs)

국제개발위원회(International Development)

북아일랜드위원회(Northern Ireland Affairs)

부총리실/주택 · 기획 · 지방정부 · 지역위원회(Office of the Deputy Prime Minister/Housing, Planning, Local Government & the Regions)

과학 · 기술위원회(Science & Technology)

스코틀랜드위원회(Scottish Affairs)

통상 · 산업위원회(Trade & Industry)

교통위원회(Transport)

재무위원회(Treasury)

웨일즈위원회(Welsh Affairs)

노동 · 연금위원회(Work & Pensions)

의회활동의 꽃: 입법과 내각구성

1. 법은 어떻게 만들어지나?

의회의 가장 중요한 권한은 입법권이다. 의회는 원칙상 입법활동에 어떠한 제한도 받지 않으며, 사법부도 의회가 제정한 법을 심사할 수 없다. 원래 입법권이란 법안을 제안하고 심의한 뒤 표결을 통해 법률로서 확정짓는 것을 의미하는 것으로 이러한 권한은 오직 의회만이 갖고 있다. 그렇지만 대부분의 국가와 마찬가지로 영국정부 역시 법안을 제출할 수 있기 때문에 의회는 정부제출법안이 잘 통과될 수 있도록 하는 역할도 한다.[8] 영국의 경우 전체 법안의 약 80퍼센트 이상을 정부가 제출하며 이들 중 약 75퍼센트 정도가 통과되고 있다.

영국 의회의 경우 미국이나 다른 국가들과 달리 제출된 법안은 본 회의의 심의와 일반토론을 거친 후에야 상임위원회에 회부된다. 상임위원회는 세부 내용에 대한 검토를 거쳐 수정을 제안하고 본 회의에서 표결에 부쳐 최종적으로 법안을 확정하게 된다. 이러한 측면에서 상임위원회의 입법과정에 대한 역할은 제한적이다. 위원회를 구성하는 의원들은 소속정당의 통제 아래 놓여 있으므로 내각이 발의한 정부제출법안에 대해서는 부정적인 영향력을 행사할 수 없다. 또한 세부영역으로 분화되어 있지 않아서 전문성이 부족한 것도 한계이다. 특히 집권당 의원들은 야당의원들에 비해 법안제출이 저조하다. 집권당 의원들이 정부제출법안의 통과를 중시하고 있기 때문이다. 더욱이 집권당의 경우 개별의원들이 직접 법안을 제출하기보다는 정부를 통해 제출하는 경우가 많다. 따라서 의원제출법안은 주로 야당의원들에 의해 만들어진다. 물론 야당의원의 제출법안은 의회에서 통과될 가능성이 낮다. 그래서 야당의원들은 법안의 통과보다는 정부 또는 내각에 대한 비판에 관심이 많다.

재정관련 법안은 1911년에 제정된 의회법에 따라 회기 중에 하원 통과 후 상원에서 부결되더라도 하원의 의결만으로 확정된다. 또한 1949년 의회법은 상원의 법안심의권을 2년에서 1년으로 단축시켰다. 따라서 회기연장법안과 재정지출법안을 제외한 모든 정부제출법안은 하원의 제2독회와 제3독회 사이에 1년이 경과할 경우 상원이 계속 법안을 부결시킨다고 해도 법률이 된다. 이와 같은 상원의 권한 축소에도 불구하고 상원이 유지될 수 있는 것은 대법원, 즉 최고법정으로서의 역할 때문이다. 종전에는 일반 상원의원도 표결권을 갖고 재판에 참가했으나 1876년부터는 명망 있는 법률가 중에서 선임된 법률귀족만이 판결에 참가하는 관행이 생겼다. 재판은 대법원장이 주재한다.

조세 및 재정관계 법안을 제외한 모든 법안은 원칙적으로 상·하 양원에서 통과돼야 한다. 그러나 1911년 및 1949년의 의회법에 따라 하원은 상원의 동의를 받지 못한 법안이라도 1년 경과 후에 국왕의 재가를 요청할 수 있다. 따라서 상원은 법안을 수정하거나 지연시키는 역할을 주로 수행한다. 그러나 법안의 처리가 하원에 의해 일방적으로 주도되는 것은 아니다. 상원은 1998년 블레어 내각이 제출한 유럽의회의원 선거법개정안을 부결시켰다. 하원을 통과한 법안이 상원에서 부결되고 하원에서 재의결하자 상원에서 재부결시키는 과정이 다섯 차례나 반복되었다.

의회에서의 표결은 여러 가지 방식으로 이뤄진다. 안건에 대한 의견이 대립되지 않는 경우에는 만장일치방식이나 구두투표를 사용하며 이러한 방식은 시간을 절약하는 장점이 있다. 다른 표결방식은 의장을 중심으로 좌·우 양쪽으로 나누어진 로비(lobby)에 나가 있는 의원들의 이름과 수를 확인하는 것이다. 이 방식은 의원 개인의 표결이 회의록에 기록된다. 하원에서 가장 빈번하게 사용되는 방식이지만 시간이 많이 걸리는 것이 단점이다.

의사당의 로비
본 회의장 양쪽에 있는 로비는 종종 찬반표결에 이용된다. 부정부패를 방지하기 위해 의원 사무실의 일반인 출입을 금지하고 로비에서만 면담을 허용하고 있는데 의원을 만나 청탁을 하는 로비스트가 여기에서 유래되었다.

표결에 있어서 의원 개인들은 자율적으로 찬반 여부를 선택하지 못한다. 내각이 제출한 법안이 부결되면 그것이 곧 내각에 대한 불신으로 해석될 수 있기 때문에 의원들은 정당의 결정에 따라야 한다. 만일 의원이 정당과 다른 선택을 하면 다음 선거에서 후보추천이 어려우며 내각의 각료직이나 당직을

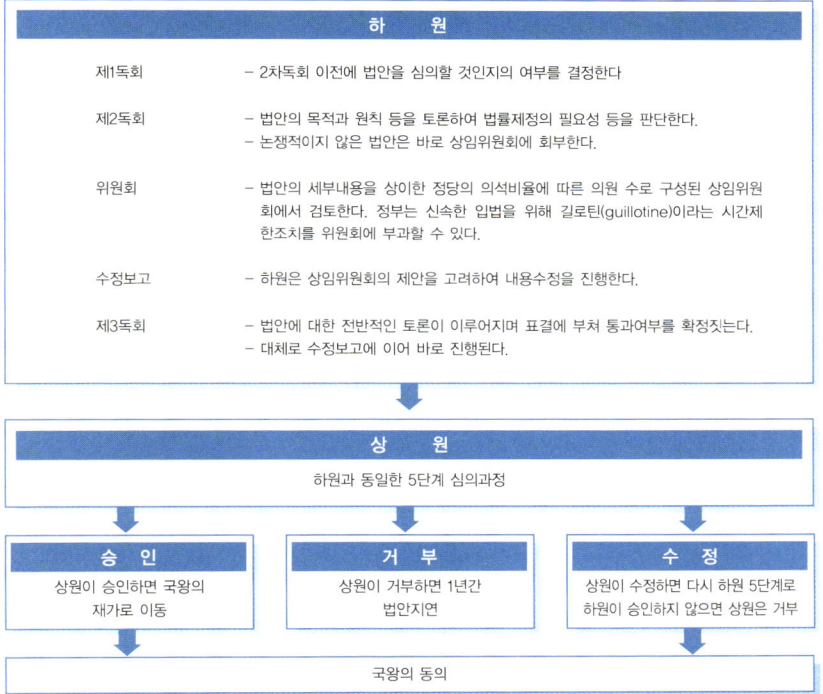

입법절차

하　원

제1독회	– 2차독회 이전에 법안을 심의할 것인지의 여부를 결정한다
제2독회	– 법안의 목적과 원칙 등을 토론하여 법률제정의 필요성 등을 판단한다. – 논쟁적이지 않은 법안은 바로 상임위원회에 회부한다.
위원회	– 법안의 세부내용을 상이한 정당의 의석비율에 따른 의원 수로 구성된 상임위원회에서 검토한다. 정부는 신속한 입법을 위해 길로틴(guillotine)이라는 시간제한조치를 위원회에 부과할 수 있다.
수정보고	– 하원은 상임위원회의 제안을 고려하여 내용수정을 진행한다.
제3독회	– 법안에 대한 전반적인 토론이 이루어지며 표결에 부쳐 통과여부를 확정짓는다. – 대체로 수정보고에 이어 바로 진행된다.

상　원

하원과 동일한 5단계 심의과정

| **승　인** | **거　부** | **수　정** |
| 상원이 승인하면 국왕의 재가로 이동 | 상원이 거부하면 1년간 법안지연 | 상원이 수정하면 다시 하원 5단계로 하원이 승인하지 않으면 상원은 거부 |

국왕의 동의

받지 못하게 된다. 뿐만 아니라 사안에 따라 정당으로부터 징계를 받거나 정치활동에 제약이 가해질 수 있다. 후보추천을 받지 못하면 선거에서 사실상 당선되기 어려우므로 이러한 불이익을 받지 않으려면 정당의 결정에 따를 수밖에 없는 것이다.

　대부분의 의원들이 이러한 불이익을 받지 않기 위해서 반강제적으로 정당의 결정에 따르는 것만은 아니다. 오히려 의원들은 정당의 결정을 존중하는 것을 당연하게 생각한다. 왜냐하면 소속의원들은 기본적으로 정당에 대한 충성심을 갖고 있으며 정당의 이념과 정책노선에 적극적으로 동조하기 때문이다. 또한 의원들은 자신이 속해 있는 정당이나 동료의원들로 구성된 내각이 자신의 선택 때문에 불안정해지는 것을 원치 않는다. 그러나 집권당 의원들이 정부안에 반대하는 경우가 나타나기도 했으며 최근 이러한 현상이 더욱 빈번해지고 있다. 특히 지난 2003년 2월 정부의 이라크전 참전안에 노동당의원 121명이 반대했으며, 같은 안에 대한 3월 표결에서도 139명이 반대했다. 이러한 현상은 블레어 내각 1기(1997~2001년)에 나타나기 시작했으며 2001년 총선 이후 보다 확대되는 경향이다. 하원의원들은 더 이상 찬성만하는 거수기이기를 거부하고 있는 것이다.

2. 정부를 감독하는 의회

의회는 내각을 구성하고 장관을 충원한다. 대부분의 경우 한 정당이 하원의 과반수 의석을 차지하므로 정당의 당수가 총리가 된다. 따라서 내각에 어떠한 인물을 장관으로 충원하는가의 문제만 남게 된다. 헌법상 의원만이 장관이 될 수 있다는 규정은 없지만 사실상 장관은 의원 중에서 뽑는다. 또 내각수립에 대한 별도의 신임투표 규정이 없기 때문에 각료를 임명하는 것으로 내각이 구성된다. 의회는 내각을 구성할 때 별도의 신임투표를 하지 않지만 내각에 대한 불신임결의를 통해서 내각을 해산시킬 수 있다. 불신임결의가 통과되면 내각이 사퇴해야 한다고 헌법에 규정되어 있지는 않지만 관행상 총리와 각료들은 사임하게 된다. 원칙적으로 불신임안은 총리에 대한 것이나 내각은 집단적으로 책임을 지기 때문에 각료들도 사퇴하게 되는 것이다.

또한 하원은 '질의시간'을 통해 정부활동을 감독할 수 있다.[9] 질의는 총리 및 장관들에게 질의할 기회를 얻은 의원들에 의해 이루어진다. 총리에 대한 질의시간은 매주 수요일 30분에 걸쳐 진행된다. 질의는 장관들의 공식활동에 관련된 것으로 구두로 이루어지는 것이 일반적이나 문서로 제출되기도 한다. 그러나 실제 하원의 정부활동 감독은 형식적이고 취약하다고 할 수 있다. 집권당이 하원에서 다수를 차지하고 있기 때문에 정부에 대한 감독은 제한적이라고 할 수 있는 것이다.

의회가 정부를 통제할 수 있는 또 다른 수단은 탄핵이다. 원래 탄핵의 기원은 노르만 왕조의 소회의까지 거슬러 올라가지만 실질적으로 제도화된 것은 14세기 〈선량의회〉 이후다. 탄핵의 목적은 정치적 압력으로 인해 공정한 법 적용이 어려운 경우 의회에서 고위공직자의 비리와 부정을 심판하는 데 있다. 따라서 탄핵의 대상은 총리를 비롯한 각료, 의원, 법관, 공무원 등이 되며 실질적으로 제한이

에드워드 3세 시기의 탄핵심판
〈선량의회〉 이후 의회는 탄핵심판권을 갖게 되어 권한이 더욱 강화됐다. 탄핵은 귀족뿐만 아니라 국왕도 해당됐으나 주로 귀족을 대상으로 했다. 최초의 탄핵심판은 에드워드 3세 시기 래티머 남작 윌리엄(William, Baron Latimer)에게 적용됐으며 17세기의 철학자이자 정치가인 베이컨(Francis Bacon)도 부패로 탄핵돼 공직과 직위를 박탈당했다.

없다. 탄핵사유는 성문화되어 있지 않으므로 대부분 판례에 의해 결정된다. 탄핵은 하원에서 발의(소추)하고 상원에서 심판한다. 탄핵재판에서는 공직의 파면뿐만 아니라 형량도 선고되는 것이 특징이다.

4장

화이트홀과 카운슬: 영국의 정부

김지희

헌법에 따라 '권력융합'의 원리를 실현하고 있는 영국에서 가장 큰 정치적 힘을 쥐고 있는 국가기관은 총리가 이끄는 중앙정부다. 중앙정부는 2006년 현재 20개 부처로 나눠져 있고, '내각제'라는 말이 의미하는 것처럼 하원 내 다수당의 지도층 인사들로 구성된 내각에 의해 운영된다. 따라서 비록 '의회주권'의 원리가 많이 퇴색되었다 하더라도 의회가 완전히 힘을 잃었다고 볼 수는 없다. 단지 총리나 각료들이 다수당에 소속된 하원의원들이고 이들이 의회와 행정부를 동시에 주도하기 때문에 정부를 통제하는 의회의 힘이 상대적으로 줄어들었

내각제

내각제는 의회와 정부의 관계에 따라 ① 의회의 권한이 강하고 정부의 권한이 약한 의회중심형 내각제와 ② 정부, 특히 총리의 권한이 의회보다 강한 총리중심형 내각제로 구분되는데, 영국의 총리중심형 내각제가 보다 효율적이며 안정적인 정부형태로 평가되고 있다.

『영국기행』

초판은 1934년에 출간되었고, 가장 최근에 나온 것으로는 J. B. Priestley. 1984. *English Journey*. Chicago: University of Chicago Press가 있다.

을 뿐이다. 어쨌든 오늘날 영국을 실질적으로 통치하는 국가기관은 '군주의 대권'을 위임받아 행사하는 총리와 중앙정부임에 틀림없다.

또한 영국은 저명한 극작가이자 방송인인 프리슬리(J. Priestley)가 『영국기행』(*English Journey*)(1984)에서 말한 것처럼 본질적으로 '시골 나라'(rural country)다. 즉 산업혁명을 거치면서 수많은 산업도시들이 우후죽순처럼 자라

났으나, 영국 사람들의 뇌리에 깊이 뿌리박힌 농촌정서와 자연에 대한 향수는 《시골생활》(Country Life)과 같은 잡지들이 엄청나게 팔리는 것에서 볼 수 있듯이 아직 변하지 않고 있다. 이러한 농촌정서는 영국의 지방자치가 일찍부터 뿌리내리게 한 사회문화적 기반이 됐고, 최근에는 정치적 분권화(devolution)가 추진됨에 따라 지방자치가 더욱 활발해지는 모습을 보이고 있다. 이제 영국의 중앙정부와 지방정부의 구조 및 역할을 순서대로 살펴보자.

다우닝가의 사람들

1. 총리

2007년 5월 집권 이후 현재까지 총리로서 중앙정부를 이끌고 있는 사람은 노동당 소속 브라운(Gordon Brown) 하원의원이다. 그런데 총리가 과연 어떤 지위를 갖고 있고 또 어떤 역할을 하느냐에 관한 법조문은 거의 없다. 헌법에서 지위와 권한이 분명하게 규정된 한국 대통령이나 미국 대통령과 달리 영국 총리의 지위는 1721년 월폴(Robert Walpole)이 최초로 총리가 된 이래 지금까지 285년에 걸쳐 받아들여진 정치적 관습[1]에 기반을 두고 있다. 또 과거에는 총리를 '동료들 사이에 첫 번째'(primus inter pares)로 보았지만 오늘날에는 총리의 힘이 여타 각료들에 비해 훨씬 크다.

(1) 총리를 어떻게 뽑나?

총리는 원칙적으로 국왕이 '정부를 잘 운영할 수 있는 능력을 가진 사람

토니 블레어(1953~)

1953년 에딘버러에서 출생, 사립학교를 나와 옥스퍼드 대학을 졸업했다. 본래 직업은 변호사. 1983년 북부 잉글런드의 세지 필드(Sedgefield) 선거구에서 하원의원에 당선되며 정계에 입문한 후, 그림자 내각을 거쳐 1994년 노동당의 최연소 당수가 됐다. 1997년부터 2007년까지 영국의 총리. 정당정치에 대한 노동조합의 영향력 제한, 노동당 당규의 '생산, 배분 및 교환수단의 공유' 조항 삭제 등 이른바 '신노동당'(New Labour) 정책과 공기업–사기업의 적절한 통합, 사회적 정의를 보장하는 맥락에서 시장경제에 대한 정부간섭의 축소 등이 포함된 '제3의 길'을 정치적 기치로 내세웠다.

들' 가운데 한 사람을 뽑아 임명한다. 그러나 이러한 국왕의 대권은 유명무실한 것이고, 실제로 누가 총리에 임명되는가는 어떤 당이 하원선거에서 승리하느냐에 달려 있다. 왜냐하면 현 엘리자베스 여왕이 1979년 보수당 당수 대처(Margaret Thatcher)나 1997년 노동당 당수 블레어를 총리로 임명한 것처럼 총선을 통해 하원의 주도권을 쥐게 된 정당의 당수는 자동적으로 총리가 되기 때문이다. 20세기에 들어서면서 하원의원만이 총리가 될 수 있다는 새로운 협약이 만들어졌으며, 실제로 1923년 이후 지금까지 모든 총리는 하원의원들이었다(1963년 총리로 선택된 흄 경(Lord Home)은 즉시 작위와 상원의원직을 버렸다).

그러나 때에 따라 누구를 총리로 선임하느냐가 쉽지 않을 수 있다. 총리가 갑자기 세상을 떠나거나 스스로 그만두면 후임자를 어떻게 뽑는지 명확하지 않다. 또 하원에서 어떤 당도 우위를 차지하지 못할 때 국왕은 각 당의 당수 가운데 누구를 총리로 선택하느냐를 놓고 고심할 수밖에 없다. 예로서 1973년 보수당의 히스(Edward Heath) 내각은 영국의 EEC 가입을 추진하는 과정에서 극심한 실업과 인플레이션에 시달리게 됐고, 노동조합과의 관계도 극도로 나빠졌다. 히스 총리는 이러한 정치적 위기를 벗어나기 위해 1974년 2월 신임을 묻는 총선을 실시했으나 어느 당도 다수당의 지위를 얻지 못했다. 그는 소수당인 자유당(Liberal Party)과의 연합을 통해 내각을 유지하려 했지만 그 역시 실패한 후 결국 사임했다. 이처럼 하원에서 어떤 당도 우위를 차지하지 못한다면 국왕은 정치지도자들과 직접적 혹은 간접적으로 논의하여 누구를 총리로 임명할 것인가를 결정할 수밖에 없다.

(2) 총리의 권한과 역할

총리는 내각의 규모를 결정하고 각료들을 임면한다. 그런데 대부분의 각료들은 여당의 지도자들 내지는 '그림자 내각'(shadow cabinet)의 각료들 중에서 뽑히기 때문에 총리가 가진 선택의 폭은 그다지 넓지 않다. 총리는 정부를 이끌어나가고 의회의 압력에 대처함에 있어서 내각의 전폭적 지지를 필요로 하

어떤 사람들이 총리가 되었나?

지금까지 총리직을 맡았던 사람들은 성격도 다르고 정치적 시각이나 행정능력도 다르지만 모두 의회에서 상당한 경험을 쌓은 정치인들이었다. 20세기를 통틀어 볼 때 총리는 평균 28년 동안 의원생활을 했고, 내각에서 3개의 다른 직책을 맡아 8년간 일한 것으로 나타났다. 물론 내각에서 하나의 직책을 맡아 4년 동안 일한 대처, 고위각료로서 단지 1년간 일했을 뿐인 메이저(John Major), 내각에서 일한 경험이 전혀 없는 블레어와 같은 예외도 있다.

20세기에는 총 20명의 총리가 있었는데 출신배경은 서로 다르다. 5명은 귀족, 8명은 중산층, 6명은 중하층, 1명은 노동자 출신. 귀족 출신 5명과 중산층 출신 6명이 사립학교를 다녔는데 5명은 이튼(Eton), 2명은 해로우(Harrow) 등 최고의 명문학교였다. 13명이 옥스퍼드와 케임브리지 대학 출신. 블레어 이전 5명의 총리가 중하류계급 출신이고 공립학교를 다녔다는 사실도 재미있다. 메이저와 캘러헌(James Callaghan)은 아예 대학교육을 받지 않았다.

출처: Curtis(2003), 90~91.

기 때문에 각료들을 매우 조심스럽게 뽑는다. 즉 상당한 행정능력과 다양한 배경을 가진 사람들뿐만 아니라 자신이 특히 신뢰하거나 성심껏 충고를 해줄 수 있는 사람들을 주로 내각에 포함시킨다. 총리는 또 내각 산하 여러 상임위원회를 구성하고, 필요한 경우 실무팀이나 임시위원회 등을 만들기도 한다. 고위공무원, 사법부 요직, 군 장성과 성공회 주교의 인사에 있어서도 총리는 커다란 영향력을 행사한다.

총리는 정부를 운영함에 있어서 각료회의를 주재하고 행정부처 사이의 갈등과 대립을 조정한다. 정부정책을 최종적으로 결정·발표하고, 내각에서 결정된 여러 가지 사항들을 국왕에게 알리는 통로의 역할을 담당하는 것도 총리의 일이다(협약에 따라 어떤 장관도 미리 총리에게 알리지 않고서는 국왕을 만날 수 없다). 선전포고나 의회해산과 같은 국왕의 대권은 대부분 총리가 행사한다.

그림자 내각

하원의 제1야당이 다음 선거에서 승리하여 정부를 구성할 것에 대비해 만든 내각. '예비내각'이라고도 한다. 야당소속 의원들 중에서 현 정부(내각)의 개별각료에 상응하는, 즉 '그림자'처럼 개별 각료를 상대할 각료 후보자들로 구성되며, 이들은 현 정부의 정책 및 입법에 대한 비판과 아울러 정책대안을 제시해야 할 책임이 있다. 정부 각 부처의 업무를 미리 파악함으로써 집권 시 즉각적으로 내각의 업무를 인수할 준비를 하기 위해서다. 그림자 내각의 각료들은 하원에서 야당의 프론트벤처(Frontbencher, 의회에서 앞쪽 벤치에 앉은 사람)들이기 때문에 Shadow Frontbencher라고도 불린다. 보수당의 대처 총리나 노동당의 블레어 총리 역시 그림자 내각의 일원으로 활동했으며, 당시에 보여준 정치적 역량이 그들이 다수 경선에서 승리하는 데 절대적인 영향력을 행사했다.

총리는 하원의원이기 때문에 하원에서 정책질의에 답하고 토의에 참여한다. 또한 총리는 당수로서 자신의 당을 적절히 운영하여 정부에 대한 절대적 지지를 확보해야 한다. 만약 1940년 체임벌린(Neville Chamberlain) 총리나 1956~1957년 이든(Anthony Eden) 총리, 또는 1990년 대처 총리가 그랬던 것처럼 당에 대한 통제권을 상실하면 사임할 수밖에 없다. 그러나 대개의 경우 총리는 원내총무(whip)의 엄격한 소속의원 관리에 힘입어 소속정당의 전폭적 지

여우몰이에서 사냥개를 모는 채
찍꾼(Whipper-in)에서 유래한
원내총무는 당의 기강을 세우는
역할을 맡는다. 가장 중요한 역
할은 소속의원들을 당의 방침에
따라 투표에 참석시키는 것. 이
를 위해 매주 소속의원들에게
투표에 붙여진 사안의 중요성을
강조하고 참여할 것을 독려하는
메모를 돌린다. 메모는 한 줄로
부터 세 줄의 문장으로 되었는
데, 세 줄짜리는 정말 중요한 투
표라는 뜻.

지를 받는다.

(3) 총리는 대통령과 같은가?

총리가 영국에서 가장 강력한 정치적 힘을 갖고
있다는 것은 틀림없는 사실이다. 그래서 어떤 사람
들은 영국 총리를 미국 대통령과 비슷하게 보고 영
국의 내각정부(cabinet government)가 총리정부(prime
ministerial government)로 바뀌었다고 주장한다.[2] 물
론 의회정치에 있어서 총리가 이끄는 집권당의 비
중, 총리를 보좌하는 내각사무처(cabinet office)의 큰 영향력, 총리의 폭넓은 인
사권, 총리에 대한 언론매체의 집중보도 등을 고려할 때 그러한 오해가 나타
날 수 있다.

그러나 영국 총리는 미국 대통령에 비해 힘을 행사할 수 있는 범위가 좁고,
내각과 의회 전반에 걸쳐 강력한 리더십을 갖고 있을 때에만 영향력을 발휘할
수 있다. 또 한국이나 미국 대통령과 달리 정해진 임기가 없기 때문에 직책의
안정성이 떨어진다는 약점도 있다. 각료들도 의원들 중에서만 뽑아야 한다.

총리에 대한 지지도는 총리의 품성과 총리–내각 또는 총리–의회의 관계
에 따라 달라진다. 매우 권위적이었던 처칠(Winston Churchill) 총리나 대처 총리
는 내각과 하원을 무시한 '선출된 독재자'[3]라는 비판을 받았다. 블레어 총리
역시 '대통령 같다'는 공격을 받았다. 물론 '독재자 총리'가 된다고 해서 본래
가진 권한이 늘어나는 것은 아니지만, 내각제 정부를 효율적으로 운영하기 위
해서는 어디까지나 각료들과 의회의 전폭적 지지를 얻어야 한다.

2. 내각과 각료

총리에 의해 선임된 각료들로 구성된 내각은 18세기 이후 **추밀원**(Privy Council)을 대신하여 정부의 중심부로서 자리 잡게 되었다(내각은 법적 기관이 아니고 정치적 협약에 따라 만들어진 것이다). 내각은 국가정책을 세우고 추진하며, 정부 부처 간의 조정역할을 담당한다. 모든 각료들은 상·하 양원의 지도급 정치인들로서 대부분이 각 행정부처의 장관(Secretary of State)직을 갖고 있다(내각의 구성원으로서 정부의 각 부를 책임지고 있는 장관들은 대부분 Secretary of State로 불리지만, 재무부장관은 Chancellor of the Exchequer로 불린다).

추밀원

노르만 왕조 시기에 국왕으로부터 영지를 하사받은 사람들, 궁정관리, 그밖에 국왕이 선임한 사람들로 구성된 왕의 자문기구인 왕실회의(Curia Regis)에서 유래. 16세기에 이르러 '추밀원'이라는 명칭으로 제도화됐다. 오늘날에는 형식상으로만 행정부 최고기관으로서의 위치를 갖는다. 추밀원 위원은 총리의 추천에 따라 영연방국가의 저명인사 중에서 국왕이 임명하며, 내각의 각료는 자동적으로 추밀원 위원의 자격을 얻는다. 현재 총 위원 수는 약 400명. 추밀원 총회는 국왕의 사망이나 결혼과 같이 '중요한 국사'가 있을 때에만 개최된다. 대개 산하 위원회를 통해 기능을 발휘하는데, 가장 중요한 위원회는 사법위원회로서 영연방의 일부 자치령과 식민법정에서 들어오는 상소를 처리하는 기능을 수행한다.

(1) 내각은 어떻게 구성되나?

총리는 국왕의 대권을 사용해서 각료들을 임면한 다음 이에 대한 국왕의 공식 승인을 받아야 한다. 그러나 국왕의 승인은 어디까지나 형식적인 것에 불과하기 때문에 지금까지 국왕의 승인을 받지 못한 경우는 단 한 번도 없었다. 한 명 이상의 각료를 바꾸는 경우를 개각이라 부른다. 헌법상 내각은 추밀원에 소속된 위원회이기 때문에 모든 각료들은 추밀원의 위원들이고, 따라서 이름 앞에 'The Right Honorable'이라는 직함을 붙인다.

관습적으로 각료들의 대부분은 하원의원들이지만 대법원장(Lord Chancellor)과 상원대표(Leader of the House of Lords) 등 두 직위는 늘 상원의원들로 채워진다. 또 내각은 산하에 특정한 정책분야만을 집중적으로 다루는 여러 개의 내각위원회(Cabinet Committees)[4]를 두고 있다. 이는 다시 국방·대외정책위원회(DOP)[5]나 환경위원회(ENV)[6]와 같이 장기적인 정책을 취급하는 상임위원회와 산성비 문제와 같은 현안을 해결하기 위한 임시위원회로 구분된다. 또 강력한 힘을 발휘하는 내각비서실(Cabinet Secretariat)이 내각과 수많은 내각위원회들의 업무를 조정한다.

각료회의는 정기적으로 열리는데, 매주 목요일 오전에 모여 정부의 정책과 관련된 주요안건들을 처리하고 결정한다. 회의에는 총리, 각료들과 해당 부처의 고위 공무원들도 참석한다. 전체회의는 정보교환이나 일상적인 정치적 문제에 대해 개괄적으로 토의하는 경우가 많다. 대개 중요한 정책결정은 소위원회를 통하거나 사적 회의, 특히 총리와 해당 각료와의 개인면담을 통해 이뤄지곤 한다. 또 특별히 신뢰하는 고문과 각료만으로 이뤄진 이른바 '부엌내각'(kitchen cabinet)[7]을 따로 만든 총리들이 많다. 알려진 바로는 대처부터 블레어까지 정책의 대부분이 각료회의 이전에 이미 결정됐다고 한다.

(2) 내각은 어떻게 운영되나?

모든 영국 정치인들은 정치적 사다리의 맨 꼭대기에 있는 내각을 향해 올라가길 원한다. 즉 내각은 영국 정치지도층의 중심부로서, 아래와 같은 몇 가지 협약에 따라 운영된다.[8]

① 내각의 운명은 하원에 달려 있다. 하원의 불신임 결의를 받은 내각은 총사퇴하거나 의회의 해산을 요구해야 한다. 소속정당이 총선에서 패배한 내각은 즉시 사퇴한다.

② 각료들은 모든 정책결정과 국정행위에 대해 집단적으로 책임을 지고, 또 각자가 관할하는 부처의 업무수행과 관련해서 개별적 책임을 진다. 각료회의에서는 자유롭고도 솔직한 토론이 보장된다.

③ 각료들은 극히 드문 예를 제외하고는 모두 상원이나 하원에 속한 의원들이며, 따라서 내각은 영국 헌정질서의 핵심원리인 권력의 융합을 상징한다. 또한 이들은 대부분 그림자 내각 출신이다.

④ 전쟁이 일어나거나 심각한 정치경제적 위기가 발생하는 경우를 제외하고는 모든 각료들이 같은 정당(하원 내 다수당)에서 뽑힌다. 이는 내각의 정치적 통합성과 일관성을 확보하기 위한 것이며, 영국은 2차 세계대전 이후 한 번도 연립내각을 가져 본 일이 없는 유일한 유럽 국가다.

⑤ 국왕은 내각의 결정사항을 총리를 통해 전달받지만 각료회의에는 참석할 수 없다. 또 국왕은 사생활에 관련된 것(예로서 1936년 에드워드 8세가 평민인 심슨 부인과 결혼하기 위해 왕위 포기)까지 포함하여 내각의 충고를 받아들여야 하고, 그렇지 않을 경우 헌법적 위기가 발생한다.

⑥ 모든 각료는 추밀원의 서약과 공공기밀유지법(Official Secrets Act)에 따라 업무상의 비밀을 지켜야 한다. 현재 내각관련 서류는 30년 동안 출간될 수 없다.

부엌내각

총리가 필요에 따라 소집하는 개인적 정책자문집단을 지칭한다. 주로 총리와 가까운 각료들, 정치인들, 공무원들로 구성되며 일반시민들까지 포함되는 경우도 있다. 특히 최근에는 블레어 총리가 정책을 결정함에 있어서 전통적인 내각의 의사결정구조를 무시하고 비선출직 고문이나 정치적 동료로 구성된 비공식 그룹의 견해에 의존하는 것을 비판하기 위한 용어로 사용되고 있다.

(3) 내각과 의회와의 관계

영국의 의회와 정부는 융합되어 있다. 내각의 각료들이 의원이기 때문이다. 그래도 정부가 의회에 대해 우위를 지킬 수 있는 것은 아래의 이유 때문이다.

① 집권당이 하원 의석의 대부분을 차지하게 만드는 1위대표제(First-Past-the-Post)
② 소속의원들이 당 지도부의 지시에 따라 투표하도록 강요하는 원내총무의 강력한 힘
③ 차관과 같은 고위관료로서 정부로부터 월급을 받는 집권당 의원이 정부-집권당의 입장에 반대하는 투표를 할 경우 직책을 빼앗는 월급투표제(Payroll Vote).[9]

그렇다고 의회가 내각을 전혀 통제하지 못하는 것은 아니다. 내각은 헌법에 따라 의회에 대해 책임을 져야 하기 때문이다. 이러한 책임에는 내각 전체의 집단책임과 각료의 개인책임이 있다. 집단책임은 각료들이 집단적으로 정책결정을 내리기 때문에 그 결과에 대해서도 함께 책임을 져야 한다는 원리이다. 하원이 내각에 대한 불신임 결의안을 통과시키면 각료들은 자동적으로 해임되고 내각은 무너진다. 다음으로 개인책임은, 특정 부처의 업무에 대한 책임은 그 부를 이끄는 장관이 져야 한다는 헌법적 협약에 따른 것이다. 따라서 어떤 부처가 업무수행에 있어서 심각한 무능력을 나타낼 경우 하원은 장관을 사임시킬 수 있다. 그러나 개인책임에 관한 협약은 모호한 부분이 있어 실제로는 장관이 부처의 정책실패보다는 스캔들에 휘말리거나 미디어나 여론의 압력으로 인해 사임하는 경우가 대부분이다. 예컨대 2002년 모리스(Estelle Morris) 교육부 장관(Secretary of Sate for Education and Skills)은 대학입학자격시험인 A-level Exam의 부정확한 채점과 관련된 스캔들로 인해 스스로 사임하였다. 그러나 수많은 스캔들에도 불구하고 영국은 다른 민주주의 국가에 비해 뇌물수수와 같은 심각한 부정부패가 드물다. 그 이유는 정당이 소속의원에 대해 강력한 통제력을 발휘하기 때문에 정당으로부터 나온 장관이 외부인의 정치공작에 넘어갈 가능성이 적기 때문이다.

영국을 움직이는 화이트홀

런던 화이트홀(Whitehall)에 자리 잡고 있는 중앙정부는 매우 효율적으로 운영된다. 공무원들도 유능하고 성실하며 정치적으로 공정하다는 칭찬을 받고 있다. 이는 19세기 중엽 광범위한 행정개혁을 제안한 노스코트−트레벨리언 보고서(Northcote-Trevelyan Report, 1854)[10]에 힘입은 것이다. 이 보고서가 나오기 이전까지는 부패가 만연했고, 공무원들은 정치적 거래나 후원에 따라 선발됐다. 물론 오늘날에도 고위 공무원들의 엘리트주의와 편협한 시각, 무사안일, 과학기술전문가의 부족 등 행정제도와 업무에 대한 비판이 없어진 것은 아니다. 그러나 영국의 행정업무는 유럽의 다른 나라에 비해 상당히 높은 효율성을 갖추고 있다고 여겨진다.

1. 중앙정부의 구성

영국의 중앙정부는 담당업무에 따라 20개의 부처로 구성된다. 그리고 'Secretary of State' 라는 공식 명칭을 가진 의원겸직 장관이 각 부를 이끌며, 서열상 2인자인 부장관(Minister of State)과 다음 서열인 정무차관(Parliamentary Under-Secretary of State)이 장관을 보좌한다. 부장관과 차관들로 이루어진 주니어 미니스터 그룹(Junior Minister Group)은 차후에 내각의 정식각료로 기용될 가능성이 높다.

장관은 중앙정부의 기본적인 정책목표와 전략에

노스코트−트레벨리언 보고서

현대 영국행정조직의 기반을 마련한 보고서. 분산된 행정직급의 통합, 공무원 시험제, 공무원 순환근무제, 공무원 선발을 위한 공무원위원회 설립 등을 제안했다. 보고서의 개혁 제안에 따라 행정업무는 정치적 비리나 부패로부터 벗어나 상당한 공정성을 얻게 됐다.

엘리트주의

내무 및 외교직에 종사하는 고위 공무원들은 대부분 사립학교와 옥스브리지(Oxbridge, 옥스퍼드 대학교와 케임브리지 대학교)를 졸업한 중간계급이나 상층계급이기 때문에 엘리트 의식에 젖어있다는 비판을 받고 있다.

따라 자신이 이끌고 있는 부의 업무를 조정하며, 주니어 미니스터들과 정책보좌관들의 도움을 받는다. 또 장관은 자신에게 부여된 힘과 권한, 총리와 내각의 지원, 나름대로 쌓은 정치적 경험과 인맥을 사용하여 업무를 추진하고 부 소속 공무원들을 통솔한다.

원래 행정업무를 수행하는 공무원직은 담당업무의 전문성에 따라 관리직 · 집행직 · 서기직 등 세 가지 직급으로 나뉘었다. 이러한 등급 이외에 전문직, 과학직, 기술직 공무원들과 아울러 우체부나 전신기사와 같은 단순노무직도 있었다. 그러나 1960년대에 이르러 적절치 못한 직급구조, 고위관리들의 빈번한 부처이동, 전문가의 태부족, 빈약한 훈련 등에 대한 비판이 일자 1968년 행정개혁을 위한 풀턴 위원회(Fulton Committee)가 구성됐다. 풀턴 위원회는 옛 행정제도가 "모든 업무를 다룰 줄 아는 팔방미인 아마추어"[11]를 만들어 냈을 뿐이라고 비판하면서 몇 가지 중대한 개혁안을 제시했다. 이에 따라 공무원부(Civil Service Department)가 새로 창설되어 과거 재무부가 담당했던 행정업

화이트홀

영국의 정부조직은 우리나라와는 달리 전체적으로 통일된 구조를 가진 것이 아니라, 각 부의 특수성과 수행하는 기능에 따라 다양하게 형성되어 있기 때문에 명칭을 번역·표기하는 데에 어려움이 따른다. 즉 여러 명의 Minister가 있는 부의 경우에는 Secretary of State가 장관으로서 내각에 참여하나, Minister가 한 명밖에 없는 부의 경우에는 Minister of State가 부의 대표로서 내각의 일원이 되기도 한다. 따라서 Minister of State를 장관으로 표기할 경우, 여러 명의 Minister가 있는 규모가 큰 부처에서는 'Secretary of State'와 'Minister of State'의 차이를 구분할 수 없게 되는 문제가 생긴다. 따라서 Minister of State를 부(副)장관으로, Parliamentary Under-Secretary of State를 정무차관으로 번역하였다. 이러한 명칭 표기는 이남국(2001)을 따랐다.

무 전반의 관리기능을 넘겨받았다. 또 신규공무원을 훈련시키기 위한 공무원대학(Civil Service College)이 설립되고, 전통적인 관리직·집행직·서기직이라는 세 단계 등급구조가 새롭게 조정되었으며, 일부 업무는 아예 직급이 없는 통합 조직으로 재구성됐다.

공무원부는 1981년에 대처 총리에 의해 폐지되고 정부조직에 대한 관리는 총리의 관할로 넘어갔다. 대처는 행정업무의 경쟁성을 높이려면 소관업무를 과감하게 이관하고 외부에 위탁을 해야 한다고 주장했다. 이에 따라 준독립적 행정청이 신설되었고, 더불어 각 부의 장관이 임명한 민간인들에 의해 운영되는 수많은 준정부기관(QUANGO)을 만들어 행정업무를 보조하고 있다. 현재 영국 중앙정부에 소속된 공무원의 수는 약 460,000명 정도다.[12]

2. 정부의 숨은 일꾼 공무원

정책결정은 어디까지나 장관의 권한이고, 공무원들은 일단 결정된 정책을 충실히 집행해야 한다. 그런데 장관은 본래 정치인이며, 관할하는 부서의 업무에 대한 전문가가 아니다. 따라서 장관은 자신의 정치적 이해관계와 전반적인 정부의 정책방향, 그리고 특정한 상황에서 어떤 정책이 정치적 측면에서 가능한가를 따져보고 정책을 결정하게 마련이며, 그렇기 때문에 정책을 입안함에 있어서 고위 공무원들의 조언을 필요로 한다.

고위 공무원들은 행정업무의 익명성이 보장되기 때문에 장관에게 자유롭게 정책조언을 할 수 있다. 또 널리 알려진 영국행정의 공정성과 효율성은 ① 익명성, ② 고위공무원들의 오랜 경험과 전문지식, ③ 잘 짜인 부처 간 업무연계망, 즉 화이트홀 네트워크, 그리고 ④ 직책의 안정성으로부터 나온 것이다.[13] 행정업무의 익명성이 보장되는 이유는 장관만이 부처업무에 대해 정치적 책임을 지기 때문이다. 그런데 익명성의 뒷면에는 행정업무의 비밀성이 있다. 비밀성은 행정업무를 정당정치로부터 보호하기 위한 장치이며, 이에 따라 공무원들의 정치참여가 제한된다. 예로서 고위 공무원들은 소속 부의 허락을 얻어 지방정치에 참여할 수 있으나 중앙정치에는 절대 관여할 수 없다. 중앙정치에 참여하려면 공무원직을 사임해야 한다. 정치적 중립도 요구되기 때문에 공무원들은 정부정책에 대한 개인적 의견을 미디어나 의회 위원회 등에서 표명할 수 없다.

공무원들이 행정만 하는 것은 아니다. 이들은 행정업무가 점차 전문화·세

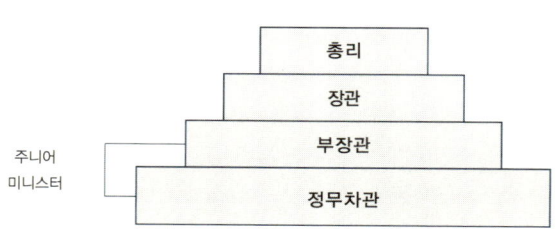

총리–장관의 위계구조

주니어
미니스터

| 총리 |
| 장관 |
| 부장관 |
| 정무차관 |

영국 중앙정부의 장관급 부처(2007년 6월 현재)

The Attorney General for England and Wales

Cabinet Office (CO)

Department for Communities and Local Government (DCLG)

Department for Culture, Media and Sports (DCMS)

Department for Children, Schools and Families (DCSF)

Department for Innovation, Universities and Skills (DIUS)

Department for Environment, Food and Rural Affairs (DEFRA)

Department for Health (DH)

Department for International Development (DFID)

Department for Business, Enterprise and Regulatory Reform (DBERR)

Department for Transport (DfT)

Department for Work and Pensions (DWP)

Foreign and Commonwealth Office (FCO)

Her Majesty's Treasury (HMT)

Home Office (HO)

Legal Secretariat to the Law Officers (LSLO)

Ministry of Denfence (MoD)

Ministry of Justice (MoJ)

Northern Ireland Office (NIO)

Office of the Advocate General for Scotland

Office of the Leader of the House of Commons

분화되면서 새로운 정책대안을 제시하는 등 정책결정과정에서 일정한 역할을 담당한다. 특히 오랜 경험과 깊은 전문지식을 가진 고위 공무원들은 때로 정책입안에 주도적으로 참여한다. 정치인 장관이 전문가 공무원들의 정책조언을 받아들이는 경우가 많아지면서 정책결정에 있어서 공무원들의 영향력이 점차 커진 것도 사실이다. 그러나 장관이 허수아비가 되었다거나 고위 공무원들이 "신분을 위장한 정치인"[14]이 된 것은 결코 아니다. 공무원들은 아직도 정책입안보다는 결정된 정책의 집행, 그리고 장기적인 정책의 수립보다는 당장 부딪힌 문제의 해결에 대부분의 시간을 보낸다. 정책을 입안하거나 계획함에 있어서는 아직도 장관이 주도적 역할을 한다.

분권화와 지방자치

영국은 옛 왕국의 영역에 해당되는 잉글랜드 · 웨일즈 · 스코틀랜드 · 북아일랜드 등 네 개의 지역으로 나뉜다. 각각의 지역에 따라 구분되는 역사적 · 문화적 배경을 갖고 있어 지방정치가 활성화되기에 좋은 조건이다. 실제로 영국의 지방자치는 1888년에 지방정부법(Local Government Act)이 선포되어 기본적인 지방자치제도가 마련된 이래 크게 발전해 왔다.[15] 이에 따라 런던을 포함한 도시지역뿐만 아니라 농촌지역도 현재 매우 효율적인 지방정부를 운영하고 있다.

1980년대에 들어서면서부터 대처 총리의 보수당 정부를 시작으로 중앙정부는 지방자치제도를 지속적으로 개혁해왔다. 특히 블레어의 노동당 정부가 들어선 이후에는 신노동당의 기조에 따라 정치적 분권화가 더욱 가속화되어 오늘날에는 스코틀랜드와 웨일즈가 독립적인 의회와 정부를 갖고 있다. 그러나 자치권한은 아직 중앙정부의 권한에 비해 미미한 수준이다. 또한 지방의회의 권한에 있어서도 지역별로 차이가 난다. 즉 스코틀랜드 의회는 입법권을 갖고 있으나 웨일즈 의회는 영국 의회의 입법 범위 내에서 부차적인 입법만을 할 수 있을 뿐이다. 웨일즈 정부 역시 중앙정부의 웨일즈 부에서 배분한 예산을 지출하는 권한만 갖고 있다.

대개 연방제 국가에 있어서 중앙정부나 의회가 결정하는 주요정책을 제외한 나머지는 지방정부·지방의회가 담당한다. 그러나 영국의 경우 지방정부의 지위나 기능이 명확하게 규정돼있지 않다. 오히려 중앙의회의 결의만으로도 지방정부의 권한을 축소·확대 또는 변경할 수 있기 때문에 지방정부라기보다는 중앙정부의 일부로 간주된다. 따라서 오늘날의 영국은 분권정부로 구성된 단일국가라고 말할 수 있다.

1. 지방정부의 유형과 구조

영국의 지방정부는 카운티(county, 도 또는 주)·디스트릭트(district, 구 또는 군)·버러(borough, 자치구)·복합시(unitary authorities), 런던시(City of London) 등 다섯 가지 형태로 운영된다.[16] 잉글랜드에는 전역을 통괄하는 지방정부가 없고, 총 아홉 개 지역 중 런던만 투표에 의해 선출된 시장과 의회를 갖고 있다. 나머지 자치구들이 가진 지방정부의 유형은 두 가지다. 일부는 카운티 카운슬(county council)과 디스트릭트 카운슬(district council)로 구성된 전통적 이중구조 체제를 유지하고 있고, 이들은 별개의 선거로 구성된다. 나머지 지역들은 모두 단일구조체제이다.

런던광역시(Greater London Authority)는 두 개의 시와 30개의 런던자치구(London Boroughs)가 포함되어 나름대로의 이중구조체제를 운영하고 있으며, 행정권은 런던자치구 카운슬(London Borough Council)과 민선시장이 이끄는 런던광역시에 의해 공유된다. 런던 이외의 대도시 지역은 디스트릭트 카운슬(36개)로 이루어지는 단일구조이며, 그 이외 지역은 카운티 카운슬(34개)과 그 하위 단체인 디스트릭트 카운슬(238개)로 이루어지는 이중구조 지역과 46개의 복합시로 나누어진다.

엑시터(Exeter) 시 카운슬

잉글랜드 남서부 데본(Devon)의 엑시터 시(현재 인구 약 11만 5천 명)는 그 기원이 로마 정벌시대 이전까지 거슬러 올라가는 고도(古都)로서, 엑스 강(River Exe) 하구에 위치한 작은 항구이자 데본 주의 경제중심지 가운데 하나이며, 수많은 관광객들이 모이는 아름다운 소도시다. 엑시터 시 카운슬(Exeter City Council)은 전통적으로 노동당과 자유민주당이 강세를 보여 왔으나, 2003년 이후 어떤 당도 주도권을 잡지 못하고 있다. 카운슬의 주된 업무는 아래와 같다.

· 지방세(council tax) 징세
· 주택건설 및 빈민들을 위한 주거 제공
· 지방선거관리
· 유기견 처리 · 해충구제 · 식품안전관리
· 공원 · 레크리에이션 시설 · 박물관 관리
· 쓰레기 수거
· 도로청소
· 재활용시설 운영
· 공영주차장 및 거주자 전용주차장 관리
· 관광 및 비즈니스 증진
· 예술활동 보조

http://www.exeter.gov.uk 참조

영국에서 가장 오래 된 자치정부 청사인 엑시터 길드홀은 1160년 이래 같은 자리에 있었으며, 사진에 보이는 건물은 15세기 후반에 개수한 것이다. 오늘날에도 카운슬이나 시장이 주관하는 회의의 장소로 사용되고 있다.

지방정부의 구조

(1) 잉글랜드

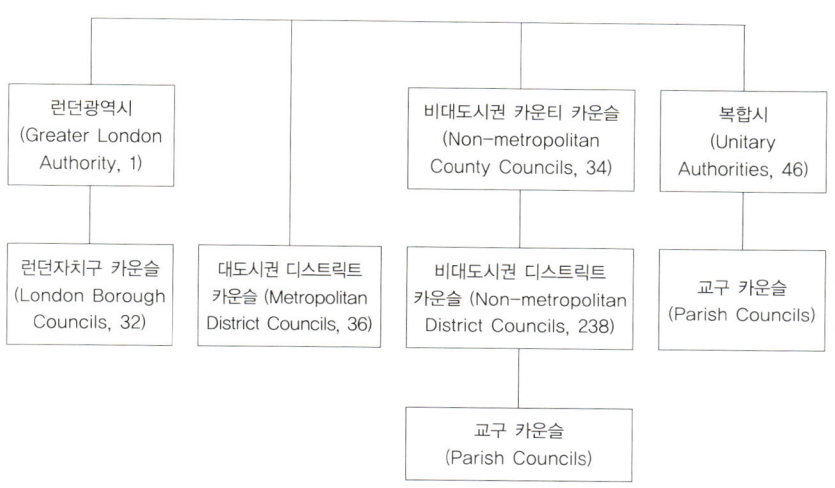

런던광역시
(Greater London Authority, 1)

비대도시권 카운티 카운슬
(Non-metropolitan County Councils, 34)

복합시
(Unitary Authorities, 46)

런던자치구 카운슬
(London Borough Councils, 32)

대도시권 디스트릭트 카운슬 (Metropolitan District Councils, 36)

비대도시권 디스트릭트 카운슬 (Non-metropolitan District Councils, 238)

교구 카운슬
(Parish Councils)

교구 카운슬
(Parish Councils)

*교구 공식적인 자치구조에 포함되지는 않지만, 주민들의 일상적인 문제를 해결하는 자치의 최소단위

(2) 웨일즈

(3) 스코틀랜드

(4) 북아일랜드

복합시
(Unitary Authorities, 22)

커뮤니티 카운슬
(Community Councils)

복합시
(Unitary Authorities, 22)

커뮤니티 카운슬
(Community Councils)

지역위원회
(Unitary Authorities, 9)

디스트릭트 카운슬
(District Councils, 26)

출처: Bentley, et al.(2005), 359.

지방정치의 한 단면: 카운슬러의 리플렛

스코틀랜드와 웨일즈는 앞서 말한 것처럼 정치적 분권화에 따라 독립된 의회와 정부를 갖고 있다. 그러나 북아일랜드는 1998년 벨파스트 조약(Belfast Agreement)에 따라 의회를 설치했지만, 불안정한 정치상황으로 인해 의회의 기능이 정지된 상태다. 잉글랜드 이외의 웨일즈와 스코틀랜드, 북아일랜드의 지방행정제도는 모두 단일구조를 채택하고 있는데, 스코틀랜드에는 복합시로서 32개의 커뮤니티 카운슬이 있으며 웨일즈 역시 22개의 복합시가 운영되고 있다. 그리고 북아일랜드에는 26개의 카운티 카운슬이 있다.

2. 지방자치의 실제

지방자치의 주체는 카운슬이다. 카운슬은 입법기관일 뿐만 아니라 집행기관이기 때문이다. 의회 내 각 위원회에 소속되어 실질적으로 지방자치를 담당하는 지방의원(councilors)은 선거를 통해 선출되며 임기는 4년이다. 이들은 하원의원들과 마찬가지로 정당에 속해 있다. 의회의장은 실권이 없는 명예직이고, 각 위원회의 위원장들도 역시 특별한 권한이 없다.

카운슬은 카운티 카운슬과 그보다 작은 디스트릭트 카운슬로 나뉜다. 카운티 카운슬은 교육·경찰·도로 및 교통관리·소방·쓰레기 처리·사회복지·도서관 운영 등 보다 전략적인 행정업무를, 디스트릭트 카운슬은 주택·관광·쓰레기 수거 등 비교적 단순한 업무를 담당한다.

2000년에 개정된 지방정부법은 ① 지방의회 의장과 10명 이하의 지방의원들로 구성된 자치내각을 만들어 행정을 맡기는 방법, ② 선거를 통해 시장을 뽑은 후 시장이 선발한 10명 이하의 지방의원들로 이루어진 내각을 구성하여 행정을 맡기는 방법, ③ 민선시장과 그에 의해 임명된 의회 매니저가 자치행정을 관리하도록 하는 방법 등 세 가지 가운데 한 가지의 운영방법을 선택하도록 하였다. 이러한 조치는 원래 행정기능과 입법기능을 동시에 갖고 있던 지방의회로부터 행정기능을 분리함으로써 지방자치의 민주성과 효율성을 높이기 위한 것이다. 2002년에 이르기까지 대부분의 자치단체들이 첫 번째 안을 선택했다. 이에 따라 지방정치의 권력분립이 이루어졌으며, 지방의회는 주로 자치내각의 집행을 감시하는 역할을 담당하고 있다.[17]

5장

귀족의 편에서 평민의 곁으로: 영국의 정당

김형철

산적과 말도둑의 싸움으로 시작된 영국정당

영국의 정치과정과 민주주의를 이해하기 위해서는 영국 정당의 역할과 정당들 사이의 경쟁관계를 살펴보는 것이 중요하다. 영국 정당은 의회와 더불어 대의민주정치를 발전시키는 원동력이며, 영국 민주주의의 역사와 함께 하고 있기 때문이다. 오늘날 영국의 정당에 대한 불만이 정당의 무용론으로 제기되고 있지만 여전히 영국정치의 중심축으로서 중요성이 강조되고 있는 것이 사실이다.

영국의 가장 오래된 정당은 보수당이다. 영국신문은 17자나 되는 보수당(Conservative Party)이라는 단어보다 4자로 된 토리(Tory)를 즐겨 쓴다. 별명이기도 하지만 좁은 지면에 편하게 쓸 수 있기 때문이기도 하다. 토리와 휘그(Whig)는 1679년 요크 공작(제임스 2세)의 왕위계승을 둘러싼 갈등 속에서 의회 내의 계승에 대한 찬반 세력들이 서로 경멸하며 불렀던 욕이다. 토리는 아일런드 게일어에서 나온 단어로 '아일런드 산적'이란 의미이다. 불법적인 가톨릭교도라는 뜻도 있어 로마가톨릭교도인 제임스 찬성파를 그렇게 불렀다. 반면 휘그는 스코틀런드 게일어로 '말도둑'이란 뜻으로 비국교도나 반란군이란 뜻을 내포해 왕위계승 반대파를 지칭한다.

왕위계승을 둘러싼 갈등은 제임스 2세가 왕좌에 오르면서 토리의 승리로 끝났다. 그러나 1688년 〈명예혁명〉으로 다시 휘그가 정치의 전면에 나서게 된다. 이후 왕이 바뀌고 정세가 바뀜에 따라 토리와 휘그는 어느 하나가 우위에 있는 정치가 아닌 서로 견제하는 정당으로 자리 잡게 되었다. 이것이 영국의 정당정치를 특징짓는 양당제(two-party system)의 기원이 된 것이다. 그러나 토리와 휘그가 대결하던 시기(17~18세기)의 정당은 오늘날과는 매우 다른 모습이다. 이때의 정당은 의원들 사이의 이해관계와 사적관계에 의해 느슨하게 결합된 간부정당으로 대중적인 지지 기반과 조직이 존재하지 않는 정당이었다.

영국에서 현대적 의미의 정당 발전에는 1832년부터 1928년까지의 네 차례 선거법 개혁이 영향을 미쳤다. 네 차례 선거법 개혁의 핵심은 성인남녀에게 1인 1표의 보통선거권을 부여하는 것이었다. 이러한 선거권의 확대는 대중들의 정치활동에 대한 높은 관심과 참여를 가져왔으며, 토리와 휘그는 선거에서 승리하기 위해 전국적으로 당원을 모집하고 정당조직을 만들었다. 이후 토리는 기존 질서의 유지를 원하는 보수 세력인 왕실, 국교회, 지주층들의 정당으로, 그리고 휘그는 경제성장과 자유시장의 이념을 지향하는 자유주의자, 상업·산업 자본가 및 비국교회도의 지지를 받는 정당으로 발전했다.

19세기 중반에 들어서면서 토리와 휘그는 우리에게 잘 알려진 보수당과 자유당으로 당의 명칭을 바꾼다. 1834년 토리의 필(Robert Peel)은 보수당을 전통 귀족이든 〈산업혁명〉에 의한 부자든 구분 없이 보호할 수 있는 정당으로 변화시키려 했으며, 그 결과 1841년 총선에서 승리했다. 그러나 필이 추진한 곡물법(corn law)의 폐지는 당내 갈등과 분열을 가져왔다. 이때 토리의 전통적인 노선을 지지하는 세력이 공식적으로 보수당이라는 이름을 쓰기 시작했다. 한편 휘그는 토리를 이탈한 필의 지지자들과 함께 자유당(Liberal Party)을 창당했다. 이후 보수당과 자유당에 의한 양당정치 구도는 1920년대까지 이어졌다. 그러나 1922년 로이드 조지(David Lloyd George) 총리를 끝으로 자유당은 영국 정치의 무대에서 사라진다.

자유당의 자리는 2차 세계대전이 끝난 뒤부터 노동당(Labour Party)이 차지했다. 노동당은 이미 확대된 참정권과 노동조합의 발달에 힘입어 1900년 창설된 이래 서서히 세력을 확장해 1945년 이후 보수당과 경쟁하는 거대정당으로 발전했다. 현재까지 영국의 정당정치는 보수당과 노동당의 양당구조로 이어지고 있다.

영국 정당정치의 최근 변화는 강력한 '제3당'의 등장이다. 1988년 사회민주당(Social Democratic Party)

곡물법

곡물의 수출입을 제한하기 위하여 제정한 법. 1815년에 제정되어 1848년에 토리의 필 수상에 의해 폐지됐다. 곡물법은 나폴레옹 전쟁 이후 곡물가격의 폭락과 농업공황이 일어나자 지주의 이익을 보호하기 위해 외국산 소맥의 수입을 금지하는 것을 주요 내용으로 하고 있다.

로이드 조지(1863~1945)
자유당의 마지막 총리인 로이드 조지는 잉글랜드 맨체스터 출신으로 제1차 세계대전과 전후 복구 기간인 1916년부터 1922년까지 자유당 정부를 이끌었다.

과 약화됐던 자유당이 합당해 만든 자유민주당(Liberal Democrats)은 보수당과 노동당 모두에 불만이었던 유권자들을 흡수하면서 상당히 선전하고 있다. 2005년 선거에서는 보수당과 노동당이 획득한 투표율의 합이 67.5%로 낮아졌고, 반대로 자유민주당은 22.1%로 상승했다. 이러한 투표율의 변화는 영국 정

사회민주당

1981년에 노동당으로부터 탈당한 의원들이 창당한 정당. 온건한 중도좌파를 지향한다. 1979년 총선에서 노동당의 패배는 노동당의 진로와 이념적 노선을 중심으로 한 당내 갈등을 심화시켰다. 이러한 당내 갈등에서 급진적인 사회주의 노선을 주장한 벤(T. Benn)이 승리하자 온건한 중도좌파를 지향했던 로저스(B. Rodgers), 오 웬(D. Owen), 윌리엄스(S. Williams), 젠킨스(R. Jenkins)를 중심으로 27명의 전 노동당의원과 1인의 전 보수당원이 창당했다.

보수당의 정치이념

보수당의 이념은 영국사회에 정립되어 있는 권위구조의 유지를 지향하고 급격하고 갑작스러운 변화를 거부하는 보수주의, 아일랜드와 영국의 연합 통일을 추구하는 연합주의, 그리고 시장경제를 강조하는 신자유주의로 대표된다.

당정치가 급격하지는 않지만 서서히 변화하고 있음을 의미하는 것이다.

어떤 이념으로 정당을 만들었나?

1. 보수당

중도우파 정당인 보수당은 가장 오래된 정당으로서 공식적인 명칭은 '보수와 연합주의자의 정당'(Conservative and Unionist Party)이다. 2006년 현재 캐머런(David Cameron)이 당과 예비내각을 이끌고 있으며, 198명의 하원의석을 획득한 제1야당의 위치에 있다. 약 300,000명의 당원이 등록돼 있는 **보수당의 정치이념**은 보수주의, 연합주의 그리고 신자유주의이다.[1] 보수당을 상징하는 마크는 '횃불을 든 손'이며, 상징색은 파란색. 당사는 런던의 빅토리아(Victoria) 거리에 있다. 보수당의 지속과 발전은 정당이념의 변화와 함께하고 있다. 즉 보수당의 이념은 사회적 요구의 변화에 적응하면서 당 이념을 발전시켜 왔다. 보수당의 주요한 정치이념인 보수주의는 전통적 보수주의, 일국민 보수주의(one nation conservatism), 자유적 보수주의, 그리고 2005년 이후 온정적 보수주의로 변화돼왔다.

초기 보수당의 정당이념인 전통적 보수주의는 토지귀족에 의해 형성된 가

치와 태도로서 애국주의와 권위를 강조하며, 여성 해방, 인종통합, 낙태와 이혼의 입법화 등에 반대하는 것이었다. 보수당은 국가 권위를 지속하기 위해 강력한 상징이 필요하다고 보며, 이러한 상징을 군주, 교회, 가족 등에서 찾았다.[2] 1865년 이전까지 보수당은 전통적 보수주의의 논리에 따라 헌법개정 반대, 군주제와 상원의 유지를 주장했다. 그러나 이 시기에 있어서 전통적 보수주의가 보수당의 정치이념으로 확고히 자리 잡은 것은 아니다. 즉 전통적 보수주의는 보수당을 지지하는 집단 및 개인들이 갖는 성향이었을 뿐 정당의 이념으로까지 체계화되지 않았으며, 오히려 종교적 일체감이 정당의 결속에 강한 영향을 미쳤다고 할 수 있다.

디즈레일리(1804~1881)
정치가이면서 문학가인 디즈레일리는 1868년과 1874~80년 두 차례 총리를 역임하면서 일국민 보수주의를 보수당의 정치이념으로 체계화했다. 그는 Vivian Gray(1827)를 시작으로 다수의 문학작품을 남겼다.

디즈레일리(Benjamin Disraeli)가 제시한 일국민 보수주의는 산업화과정에서 형성된 계급적 차이를 뛰어넘어 하나의 영국 국민으로서의 일체감을 강조했다. 즉 더 많은 특권을 갖는 국민들에게는 그만큼의 의무를 부여함으로써 국민적 일체성을 강조했던 것이다. 일국민 보수주의는 1945년 전후 노동당 정부가 도입한 복지국가와 케인즈주의까지 받아들였다. 그러나 디즈레일리에 동의하지 않는 보수당 내 다른 세력은 자유적 보수주의를 추구하였으며, 이것은 1975년 이후 보수당의 이념이 됐다.

1975년 보수당 당수로 선출된 대처가 추구한 자유적 보수주의는 고전적 보수주의와 마찬가지로 경제적 자유의 확대와 정부 규제의 최소화를 지지하는 자유시장경제 원리에 기초를 두고 있다. 이러한 자유적 보수주의는 노동당 정

영국병
1960년대 서독의 저널리즘이
영국 노동자들의 비능률성을 가
리킨 말. 영국인은 제2차 세계대
전 이후 고복지·고부담 정책과
평등주의가 일반화되면서 무기
력, 느린 동작, 방임적인 태도
등을 갖게 됐다. 이러한 영국인
의 태도는 노조의 과도한 임금
인상 요구와 파업에 의한 경기
침체, 높은 인플레이션과 실업
률, 그리고 과도한 복지예산의
지출 현상이 결합되면서 경제위
기로 나타났다. 그 결과 1976년
에는 국제통화기금(IMF)의 구제
금융을 받게 됐으며, 1978~79
년에는 국가 기능의 정지상태인
불만의 겨울을 경험했다.

부가 치유하지 못한 영국병에 대한 처방으로서 국민들의 지지를 받게 되어 1979년 총선에서 보수당에 승리를 안겨 주었다. 대처는 집권과 동시에 자유적 보수주의를 실천하기 위한 많은 정책들을 추진했다. 즉 대처의 보수당 정부는 국가경제를 살리기 위한 혁명적 조치로서 복지예산과 정부지출의 대폭 삭감, 노조 활동의 약화, 공기업의 민영화, 시장경제의 활성화를 위한 국가개입의 축소 등 신자유주의적 경제정책을 전면적으로 실시했다. 이러한 조치들은 경제회복과 사회안정을 가져다주었으며 보수당 정부의 장기집권을 가능하게 했다. 그러나 보수당 정부가 집권하는 동안 사회적 양극화의 심화, 의료 및 교육 서비스의 질 저하, 금융산업과 제조업 사이의 불균형 발전 등 부정적 측면들이 확대되면서 보수당 정부에 대한 지지는 점차 하락했다.

보수당 내의 이념 갈등은 1990년 대처가 당수직에서 물러난 후 급진적인 혁명론자들과 온건한 중도를 지향하는 통합론자 사이에 벌어졌다. 이러한 이념 갈등은 당을 분열시켜 1997년 총선에서 노동당에게 패배하는 결과를 가져왔다. 선거패배의 책임을 지고 메이저(John Major)는 당수직에서 물러났으며 후임당수 선출과정에서 혁명론자와 통합론자를 각기 대표하는 두 명의 후보와 중간적 위치에 있

는 헤이그(William Hague)가 경쟁했다. 그러나 주요
한 경쟁세력이었던 혁명론자와 통합론자를 대표하
는 후보 중 한 명이 선출될 것이라는 예상과 달리
경선결과는 헤이그가 당수로 선출되었다. 헤이그는
대처의 경제원리 보호와 확대, 유럽통화연합 반대,
개인주의의 확장이라는 세 가지 요소에 기초한 보
수당의 발전전략을 제시했다. 그러나 그의 전략은
일반대중들뿐만 아니라 당원들에게조차 받아들여
지지 않았다.

캐머런(1966~)
2005년에 보수당의 지도자로
선출된 캐머런은 잉글랜드 출신
으로 역사상 가장 젊은 나이로
보수당과 그림자 내각을 이끌고
있다. 그는 '현대적인 온정적 보
수주의'(modern compassio-
nate conservative)를 지향하고
있다.

보수당은 2001년 총선에서도 이념 갈등과 헤이
그의 발전전략의 실패로 인해 패배했으며 이후 당
수와 그림자 내각은 세 차례에 걸쳐 바뀌었다. 헤이
그 이후 실용적이고 현대적인 정책을 추진했던 스
미스(Iain Duncan Smith)와 2005년 총선에서 보수당의 선전을 가져온 하워드
(Michael Howard)를 거쳐 2006년 현재 40대의 캐머런(David Cameron)이 당수직
을 맡고 있다.

2. 노동당

20세기 초 가장 중요한 정치적 사건 중 하나는 중도좌파정당인 노동당의
등장이다. 노동당은 1997년 선거 이후 의회 다수당으로서 브라운을 총리로 내
각을 구성하고 있으며, 현재 365명의 하원의원과 약 200,000명의 당원을 갖고
있다.[3] 노동당은 1918년 사회민주주의 또는 민주적 사회주의를 정당이념으로

영국의 노동당이 지향하는 사회주의 이념은 급격한 그리고 폭력적인 요소가 제거된 점진적인 사회혁명의 실천을 의미한다.

하디(1856~1915)

북랭카셔(North Lanarkshire)에서 태어난 하디는 광산노동자로 노동당 창당의 주역이며, 1892년에 웨스트 햄(West Ham)에서 노동자를 대표하는 자유당 하원 의원으로 당선되었다.

채택하고 노동조합을 파트너로 하는 정당으로 발전해 왔다. 당을 상징하는 마크와 색은 '붉은 장미'와 붉은색이며, 중앙당사는 런던의 올드 퀸(Old Queen) 거리에 있다.

사회주의 이념을 기초로 노동자를 대변하는 노동당은 〈산업혁명〉 이후 확대된 노동자들의 계급의식, 선거법 개혁에 따른 보통선거권의 확대, 신조합주의의 확산이 이뤄지면서 등장했다. 노동당의 등장에 중요한 산파 역할을 한 대표적 인물은 1892년 노동자 대표로서 자유당 의원으로 당선된 하디(James Keir Hardie)였다. 하디는 1887년 총노동조합 대의원 대회에서 노동자들의 정치세력화를 역설하고, 6년 후인 1893년에 독립노동당(Independent Labour Party)을 창당했다. 그리고 1900년에 일곱 개의 노동조합 대표, 페이비언 사회주의자 대표, 마르크스주의자 대표 그리고 독립노동당원이 참여하는 노동자대표위원회를 결성했다. 노동자대표위원회는 1900년 총선에서 2석, 1906년 총선에서 29석을 획득함으로써 명실상부한 원내정당으로 자리잡게 됐으며, 1906년부터 공식적으로 노동당이라는 명칭을 사용하기 시작했다. 그리고 4년 뒤인 1910년 선거에서는 광부노조가 노동당에 참여한 가운데 40명의 후보를 당선시키는 성과를 거둠으로써 주요정당으로 발전할 수 있는 토대를 마련하였다.

이와 같이 초기의 괄목할 만한 성장을 가능하게 했던 배경에는 1903년에 체결된 '자유당-노동당 협약'(Lib-Lab pact)이 있었다. 당시 노동자대표위원회

를 이끌던 맥도널드(Ramsay MacDonald)와 자유당의
글래드스턴(Herbert Gladstone)은 앞으로 실시되는 총
선에서 노동자대표위원회 소속의 의원들이 의회 내
에서 자유당을 지지하며, 노동자들이 거주하는 다
수의 선거구에서 자유당 후보를 내지 않는다는 내
용의 비밀협약을 체결했던 것. 두 정당의 협약내용
에 대한 성실한 이행으로 1906년 총선에서 노동자
대표위원회 후보 50명 중 29명이 당선되는 성과를
거뒀다.

맥도널드(1866~1937)
북스코틀런드 출신인 맥도널드
는 1894년에 노동자대표위원회
에 가입했으며, 1924년 노동당
의 첫 총리가 되었다. 이후
1929년부터 1935년까지 노동당
정부의 수상을 역임했다.

　　노동자, 사회주의자 및 진보적 지식인의 지지를
확대해가던 노동당은 1924년 총선에서 자유당의
지지에 힘입어 맥도널드를 총리로 하는 소수정부를 구성한다. 그러나 보수당
이 제출한 불신임 결의안[4]이 통과됨으로써 9개월 만에 막을 내려야 했다. 노
동당은 5년 후인 1929년에야 과반의석을 넘는 다수당이 되어 맥도널드를 총
리로 하는 단독정부를 구성하게 되었다. 그러나 대공황이라는 경제위기를 극
복하기 위해 맥도널드는 당시 국왕인 조지 5세(George V)에게 거국내각의 구
성을 제안하여 자유당과 보수당이 참여하는 거국내각을 성립시켰다. 국가위
기에 대처하기 위한 거국내각은 1945년 제2차 세계대전이 끝날 때까지 지속
됐다.

　　1945년 종전과 더불어 노동당은 애틀리(Clement Attlee)를 총리로 하는 단독
정부를 구성했으며, 이후 1964~70년의 윌슨(Harold Wilson) 정부, 1974~79년의
윌슨과 캘러헌(James Callaghan) 정부가 구성됐다. 그러나 1970년대 중반 이후
노동당은 경제위기와 당내 갈등에 직면하게 되었다. 이러한 이유로 노동당은

1979년 총선에서 보수당에게 패배하여 정권을 넘겨주었다. 이후 보수당 집권 18년 동안 노동당은 세 차례에 걸친 내부개혁을 추진했다.

1979년부터 1983년까지 진행된 벤(Tony Benn) 당수의 개혁은 당규약에 관한 것으로 첫째, 지역노동당(constituency labour parties)에서 현직의원의 후보 재선출을 의무화했다. 둘째, 원내노동당이 독점했던 당수와 부당수의 선출을 노동조합(40%), 원내노동당(30%) 그리고 지역노동당(30%)의 선거인단 투표로 바꾸었다. 이러한 개혁은 중앙당의 권한을 지구당에 분산하는 효과와 더불어 당내 사회주의자들의 영향력을 강화시켰다. 그러나 이를 반대하는 27명의 노동당 의원이 탈당하여 사회민주당을 창당하였고 1983년 선거에서 또다시 보수당에게 패배하는 결과를 초래했다.

키녹(Neil Kinnock) 당수는 노동당을 현실적이고 온건한 정책을 추구하는 정당으로 개혁하고자 했으며 스미스(John Smith) 당수는 당내의사결정에 있어 노동조합의 단체투표권(block voting)을 폐지하고 1인 1표(OMOV:one man one vote)를 원칙으로 하는 새로운 투표방식으로 바꾸었다. 이러한 조치는 노동당에서 노동조합의 영향력 약화와 전통적인 정당이념의 변화라는 결과를 가져오게 되었다.

블레어와 브라운(Gordon Brown)
토니 블레어와 고든 브라운은 1997년 이후 영국 정부와 노동당을 이끌고 있지만, 노동당의 진로와 정책에 대한 차이로 인한 갈등도 빈번하게 나타나고 있다. 브라운은 블레어를 잇는 차기 당수로서 알려져 있다.

1994년에 노동당의 당수가 된 블레어는 잉글랜드 중부지역의 지지 없이는 총선에서 승리할 수 없음을 인식하고 당이념의 변화와 노동조합과의 관계를 재정립하는 개혁을 추진했다. 개혁의 목표는 '제3의 길'[5]로 알려진 신노동당(New Labour)의 실현에 있었다. 블레어는 1995년에 개최된 노동당 전당대회를 통해 1918년에 완성된 강령의 주요 내용인 국유화를 지향한다는 내용을 삭제하고, 노동조합과의 정치적 결별을 선언함으로써 당내 노동조합의 단체행동권을 축소시켰다.

그 대신에 1945년 이후 노동당이 지속적으로 추구했던 복지정책을 축소하고, 자유로운 기업활동의 보장, 공기업의 민영화 등과 같은 신자유주의 정책을 수용했다.

그 결과 노동당은 1997년 총선에서 중산층의 지지 확대와 보수당의 분열에 힘입어 승리했다. 2001년과 2005년 총선에서도 연이어 승리하여 현재까지 집권하고 있다.

3. 자유민주당

약 70,000명의 당원을 갖고 있는 자유민주당은 자유주의를 이념으로 하며 중도를 표방하고 있으며 당수는 2006년 3월에 선출된 캠벨 경(Sir Menzies Campbell)이다. 당의 상징은 비둘기와 금색이다. 중앙당사는 런던의 코울리 거리(Cowley Street)에 있다.

자유민주당은 1988년 자유당과 사회민주당이 합당하여 만들어진 정당이다. 자유당은 1859년 이후 제2차 세계대전이 끝나기 전까지 정당정치의 한 축을 차지하고 있었지만 노동당의 등장과 더불어 쇠

캠벨(1941~)

스코틀랜드의 글라스고 출신인 캠벨은 1999년부터 자유민주당을 이끌던 찰스 케네디(Charles Kennedy)와의 2006년 당지도자 경선에서 승리하여 현재 자유민주당을 이끌고 있다.

퇴하기 시작했다. 이후 자유당은 1987년 사회민주당과 합당하기 전까지 허약한 제3당의 위치에 머물러 있었으나, 온건한 다수의 이익을 대변하는 정당을 추구했던 사회민주당과 합당하면서, 지방선거에서 20%대의 득표율을 획득하였다. 그리고 1997년 총선거에서는 16.7%의 득표율로 46석을 차지하는 성과를 거두었다. 그 이후 점차 의석수가 증가하여 2005년 총선에서는 22.1%의 득표율로 62석을 차지함으로써 강력한 제3당의 지위를 갖게 되었다.

영국의 정당은 어떻게 운영되나?

1. 보수당

보수당의 조직과 운영방식은 1997년 이후 획기적으로 변화되고 있다. 보수당의 기본 조직은 지구당 및 산하단체들로 구성된 전국연합체(constituency associations), 중앙당 그리고 원내정당으로 구성돼 있다. 전국연합체는 선거조직으로서 지구당들의 활동을 조정하기 위하여 1867년에 설립됐으며, 주 임무는 평당원들의 정당활동 참여와 연대를 이끌어내며, 선거후보를 선출하고, 선거승리를 위한 지역조직을 구성하는 것이다. 중앙당은 1870년에 설립되어 재정과 당원관리, 평당원과 의회정당의 의사통로 역할 등을 수행하고 있다.[6] 원내정당은 핵심조직으로서 당수와 의원들로 구성되며 당의 주요 정치활동과 정책형성 등에 관여한다. 원내정당이 핵심적인 이유는 보수당이 간부정당을 지향하고 있기 때문이다.

보수당의 조직은 1997년과 1998년 사이에 진행됐던 헤이그의 개혁에 의해

보다 분화되어 최고의사결정기구인 중앙위원회(The Board)와 정책자문기구인 정책포럼(Policy Forum)이 만들어졌다. 16명으로 구성된 중앙위원회는 전당대회 조직과 중앙당 운영과 같이 당의 진로와 전략을 논의하는 기구다. 정책포럼은 정당의 정책을 제안하는 조직으로서 지역당의 정책회의에 참여하는 전문가와 원내대변인들로 구성되며, 평당원도 참여할 수 있는 자문기구다. 그외에 중요한 정당조직인 전당대회는 1년에 두 차례 전국 각 지역에서 권한을 위임받은 대의원들에 의해 구성되며, 원외조직과 당 운영에 관련된 논의를 한다. 또한 전당대회는 1965년 이후 공식적으로 당수의 선출과 당 지도부 구성의 권한을 갖게 되었다. 그러나 이러한 권한에도 불구하고 현재까지 전당대회는 지도부 구성에 있어 중요한 영향력을 갖지 못하고 있으며 당원들을 결속시키는 단합대회의 의미가 강하다. 보수당의 정당운영 방식은 1997년 총선까지 잘 알려져 있지 않았다. 그러나 보수당 내에서의 정당조직에 대한 개혁이 이루어짐으로써 당내 운영방식이 공개되었지만, 아직도 당지도자들이 강력한 권력을 행사하여 중앙집중적으로 당을 운영하고 있는 것으로 알려져 있다.

2. 노동당

보수당이나 자유당과 달리 원외정당으로 시작한 노동당은 평당원으로 구성된 지부, 각 지부에서 선출된 지역대표자 위원회와 지역노동당(constituency labour parties), 전국집행위원회, 전당대회, 원내노동당 등 다섯 개의 조직으로 이뤄져 있다. 지부는 지부총회와 지부집행위원회를 이끌어나가는 위원들을 선출하는 기능을 수행한다. 각 지부들은 당원과 재정관리를 책임지고 있으며, 지방선거 후보를 선출하는 권한을 갖고 있다. 지역노동당은 선거구를 관리하는 조직으로서 총무위원회와 집행위원회를 중심으로 운영되고 있다. 특히 평당원들이 참여하는 총무위원회는 각 지부에서 선출된 당원뿐만 아니라 노동조합에서 지명된 당원들로 구성되어 지역노동당의 의사결정을 주도한다. 1987년까지 지역노동당의 주 역할은 의원 후보를 선출하는 데 있었다. 그러나 1993년 의원 후보의 선출권한이 평당원들에게 주어지면서 선거운동을 주로 담당하게 됐으며, 지역당 대회와 전당대회에 참여할 대표를 선출하고 있다. 1997년부터 지역노동당 구성원들은 정책결정과정에도 참여하고 있다.

전국집행위원회는 전당대회에서 24명의 위원들을 선출하며, 당수와 강령위원장, 유럽의회 당대표, 재정위원장, 3명의 각료의원, 청년노동자위원회에서 선출된 1인, 노동당 사회주의자 조직에서 선출된 1인 등 총 33인으로 구성된다. 전국집행위원회는 노동당의 정책결정에 있어 핵심적인 역할을 수행하며, 당원들에게 당헌과 당규를 준수하도록 한다. 만약 당원들이 당헌과 당규를 어긴 경우 출당조치를 취할 수 있다. 또한 재정과 운영을 책임지며, 의원후보의 선출에도 관여한다.

전국정책포럼은 1990년에 정당의 정책결정과정을 합리화하기 위해 만든 조직으로 다양한 정책위원회를 두고 있다. 각 정책위원회는 의원을 장으로 하여 20명으로 구성되며, 전국집행위원회에 제출할 정책보고서를 작성하고 전당대회에서 논의할 정책대안들을 개발하는 역할을 수행한다.

전당대회는 매년 개최되는 핵심적인 의사결정기구로 보수당과 달리 평당원들이 참여하여 주요한 정책들을 결정할 수 있다. 즉 전당대회는 정당의 주요 의제에 대한 결정, 지도부의 구성 등 실질적인 정책을 결정하고 집행하는 전국집행위원회의 구성원들을 선출한다.[7] 원내노동당은 의원들로 구성되어 당이념과 정책 등을 형성하며 당수선출에 있어 평당원과 노조와 동일하게

33%의 비중을 갖고 있다.

노동당은 보수당에 비해 대중정당적 성격을 갖고 있다. 예비내각과 원내총무는 의원들에 의해 선출되며, 당수는 전국집행위원회에서 선출된다. 또한 정책 및 선거공약 등은 전당대회에서 3분의 2 이상의 찬성이 있어야 결정되기 때문에 당의 운영이나 의사결정과정이 보수당보다 더 분권적이라고 할 수 있다.

3. 자유민주당

자유민주당은 연방정당, 주정당, 당원으로 구성되어 있다. 연방정당은 중앙의사결정기구로서 국가적 차원의 정책을 결정하는 역할을 수행한다. 그러나 당의 권한이 연방정당에 집중되어 있는 것이 아니라 독립성을 갖는 지역과 지방으로 분산되어 있다는 특징을 갖고 있다. 이러한 특징은 자유민주당이 다른 정당들보다 분권화가 잘 이루어졌음을 보여주는 것이다.

연방정당은 정책위원회, 집행위원회, 그리고 전당대회위원회 등 세 개의 위원회로 구성되어 있다. 정책위원회는 정당지도자, 네 명의 하원의원, 의원과 동등한 지위를 갖는 1인, 의장, 3명의 자문위원, 웨일즈와 스코틀랜드 주정당에서 선출된 2인의 대표자, 그리고 연방대회에서 선출된 15인 등 총 29인으로 구성된다. 이 위원회는 정책제안을 구체화하는 작업을 담당한다. 집행위원회는 당원들에 의해 선출된 의장에 의해 운영되는 조직으로서 연방정당의 결정사항을 집행하고 감독하는 역할을 하고 있다. 집행위원회는 선출된 14인과 더불어 당지도자, 3명의 부의장, 2명의 하원의원, 의원과 동등한 지위를 갖는 1인, 2인의 자문위원, 각 주정당 대표 1인씩으로 구성된다. 전당대회위원회는

2년마다 열리는 전당대회를 조직하고 논의할 안건을 상정한다. 이 위원회는 연방전당대회에서 12인, 연방집행부에서 2인, 연방정책위원회에서 2인, 각 주 정당에서 1인씩 그리고 당의장과 원내총무 등 21명으로 구성된다. 주정당은 지역별로 웨일즈 주정당, 스코틀런드 주정당 그리고 잉글런드 주정당이 있다. 주정당은 지역정당의 운영을 책임지며, 의원후보 선출, 당원관리 그리고 정책 우선순위를 정하는 업무를 수행한다. 모든 당원은 연방정당, 주정당 그리고 지역정당의 소속원이며, 각 정당에서 정한 당비를 납부해야 한다.

치열하지만 안정적인 정당정치

정당들 간의 경쟁은 정당형성 초기인 17세기부터 19세기까지는 국교회와 비국교회라는 종교적 갈등의 성격이 강했다. 그러나 〈산업혁명〉의 여파에 의한 산업도시들의 형성, 노동자 계급의 성장, 그리고 노동자와 여성들에게까지 투표권이 확대된 20세기 초부터 정당 간의 경쟁은 자본가와 노동자를 대표하는 양대 정당을 중심으로 이뤄지게 됐다. 사실 두 개의 정당들 사이의 경쟁은 오랜 기간 동안 전개되어 왔다. 즉 17세기 토리당과 휘그당이 등장한 이후 경제위기 또는 세계대전 등 국가적 위기를 맞이한 시기(1918~1945년)를 제외하고는 두 개의 정당들이 정부구성을 둘러싸고 경쟁양상을 보여 왔던 것이다. 1920년대까지는 보수당과 자유당이 경쟁하였고, 1945년 이후 현재까지는 보수당과 노동당이 경쟁의 중심부에 있다.

양당제의 성격은 유권자들의 지지의 측면에서도 명확하게 나타난다. 1945년부터 1970년 선거까지의 보수당과 노동당이 획득한 총득표율의 평균은

91.2%, 의석점유율은 97.9%로 양당을 중심으로 한 정당정치가 이루어졌음을 보여준다. 그러나 1974년 선거부터 보수당과 노동당 중심의 양당정치는 서서히 약화되는 경향을 보이기 시작했다. 1974년에 치러진 두 차례의 총선에서 자유당은 19.3%와 18.3%의 득표율을 획득했으며, 이후 치러진 세 번의 선거에서 평균 20퍼센트 이상의 표를 얻었다. 이와 같은 양당정치의 약화 경향은 1988년에 사회민주당과 자유당이 통합한 자유민주당의 등장과 함께 더욱 심화됐다.

자유민주당은 1974년 이후 보수당과 노동당의 총득표율을 91.2%에서

영국 주요 3당의 득표율(의석수)

연도 (총의석수)	보수당	노동당	자유민주당
1945 (640)	39.8 (213)	47.8 (393)	9.0 (12)
1950 (625)	43.5 (299)	46.1 (315)	9.1 (9)
1951 (625)	48.0 (321)	48.8 (295)	2.5 (6)
1955 (630)	49.7 (345)	46.4 (277)	2.7 (6)
1959 (630)	49.4 (365)	43.8 (258)	5.9 (6)
1964 (630)	43.3 (304)	44.1 (317)	11.2 (9)
1966 (630)	41.9 (253)	47.9 (363)	8.5 (12)
1970 (630)	46.4 (330)	43.0 (288)	7.5 (6)
1974 (635)	37.8 (297)	37.1 (301)	19.3 (14)
1974 (635)	35.8 (277)	39.2 (319)	18.3 (13)
1979 (635)	43.9 (339)	37.0 (269)	13.8 (11)
1983 (650)	42.4 (397)	27.6 (209)	25.4 (23)
1987 (650)	42.3 (375)	30.8 (229)	22.6 (22)
1992 (651)	41.9 (336)	34.4 (271)	17.8 (20)
1997 (659)	30.6 (165)	43.2 (419)	16.7 (46)
2001 (659)	31.7 (166)	40.7 (413)	18.3 (52)
2005 (646)	32.2 (198)	35.3 (356)	22.1 (62)

출처:http://www.parties-and-elections.de, http://en.wikipedia.org/wiki/United_Kingdom_general_election%2C_2005#Total_seats_for_each_party

74.6%로 감소시켰으며, 의석점유율도 97.9%에서 6.4% 감소된 91.5%로 하락시켰다. 또한 최근에 치러진 2005년 선거에서는 득표율이 22.1%로서 보수당(32.2%)과 노동당(35.3%)의 뒤를 바짝 뒤쫓는 강력한 제3당으로 성장했다. 그러나 의석수는 62석으로 아직 보수당의 198석과 노동당의 356석에 비하여 매우 적다. 이러한 결과는 군소정당에게 불리하게 작용하는 1위대표제의 효과[8]에 의한 것이다.

이와 같이 정당들 사이에 치열한 경쟁이 반복되고 있지만 역설적으로 정치적 안정이 유지하고 있다. 이러한 배경에는 정당들 간 합의의 전통이 존재한다. 2차 대전을 계기로 보수당과 노동당은 정책적 합의가 형성되었다. 두 정당은 1942년 베버리지 보고서와 1944년 케인스 고용백서를 전반적으로 지지하여, 양당합의 하에 복지국가와 완전고용을 전후 25년 이상 지속적으로 추진했다. 그러나 보수당이 집권한 1979년부터 1990년까지 복지국가와 완전고용이라는 정책적 합의는 이행되지 않았다. 합의가 다시 이루어진 것은 실용주의 노선을 추구한 메이저 총리와 중도좌파노선을 추구한 블레어에 의해서다. 합의내용은 시장의 중시, 낮은 과세, 노동조합의 정치적 역할 축소, 주택공급에 대한 시장화, 국영기업의 축소 등에 관한 것이었다. 이에 따라 현재의 블레어 정부도 신자유주의 정책을 유지하고 있다. 이와 같이 두 정당은 비록 추구하는 이념과 사회적 기반이 다르지만, 공공정책에 대한 현실적 인식을 공유하고 있는 것이다.

최근 영국의 거대정당인 보수당과 노동당이 주도하는 정당정치에 대한 불만과 비판이 높아지고 있다. 즉 보수당과 노동당은 자신들의 이념만을 강조함으로써 사회적 분열과 갈등의 심화, 새로운 이념과 이슈를 대표하는 새로운 정당들의 등장 방해, 그리고 국민들의 정치참여와 관심을 하락시킴으로써 영국 국민들의 불만이 쌓여만 가고 있다.[9] 이러한 국민들의 불만과 비판은 두 정당에 대한 지지율의 하락과 자유민주당과 같은 제3의 정당의 지지율 상승으로 나타나고 있다. 이러한 최근의 영국 정당정치의 현상은 비록 정당에 대한 국민들의 기대가 낮아지고 있음을 의미하지만, 영국정치의 안정성과 민주주의의 발전을 위한 중요한 행위자로서 영국의 정당이 중요한 기능과 역할을 수행할 것이다.

영국 유권자들은 어떤 정당을 지지하나?

영국의 전통적인 정당―유권자 지지관계는 계급에 기초하고 있다. 즉 1945년 이후 중간층 이상의 계급들은 보수당의 적극적인 지지자들이었으며, 반면에 노동당은 노동자 계급의 대폭적인 지지를 받았다. 그러나 계급에 기초한 정당지지는 1970년대 말부터 약화되고 있다. 1979년 '불만의 겨울'을 보낸 노동자들이 보수당을 지지했고, 1997년 블레어의 '신노동당'을 중간계급이 지지한 것이 대표적인 예다. 2001년 선거에서도 계급에 기초한 정당지지의 약화 현상이 여전히 나타났다.

지역에 기초한 정당지지도 변화하고 있다. 원래 영국의 선거는 정당지지에 있어 지역적 성격이 강하게 나타났었다. 예를 들면 잉글랜드 북부지역은 노동당의 텃밭으로 알려져 있으며, 잉글랜드 중부를 포함한 남부지역은 보수당 일색이었다. 그래서 '남북의 분할' (North-South divide)이라고 한다. 그러나 1990년 이후의 선거에서 지역적 지지는 약화되고 있다. 변화는 노동당이 주도했다. 2001년 선거에서 노동당은 중간계급 유권자들이 많이 거주하는 남부의 선거

지역과 유권자 정당지지

	보수당(북부지역)	보수당(남부지역)	노동당(북부지역)	노동당(남부지역)
1992	30.7	69.2	50.6	49.4
1997	29	70.9	46.5	53.4
2001	28.3	71.6	45	54.9

구에서 높은 지지를 받았다. 보수당의 북부지역 지지율과 대조적이다.

정당 지지에 있어 커다란 변화는 여성에게 나타났다. 1945년 이후 1992년까지 영국의 여성들은 보수당을 강하게 지지했다. 그러나 1997년 선거에서는 정당선택과 지지에 있어 남성과 여성의 차이가 줄어들었으며, 2001년 선거에서는 균형이 이뤄졌다. 전통적으로 보수당을 지지한 여성들 중 많은 수가 노동당을 지지하게 된 것. 이러한 여성 유권자들의 지지변화는 노동당이 육아와 교육의 증진과 의회에서의 여성대표의 확대를 위한 노력을 해왔기 때문이다. 그러나 보수당은 여전히 여성들이 가족과 가사를 돌봐야 한다는 전통적 가치를 강조해 여성 유권자들의 지지가 낮아지게 되었다.

그 외에 인종과 종교에 따른 정당 지지 경향을 보면, 영국 내 소수인종인 흑인과 아시아인의 대다수는 노동당을 지지하고 있다. 2001년 선거에서 노동당을 지지한 소수인종은 75%이며, 보수당을 지지한 소수인종은 16%에 그치고 있다. 반면에 종교에 따른 정당 지지는 오늘날 큰 의미를 갖고 있지 못하다. 19세기의 영국 정당이 종교적 가치에 기반을 둔 것과는 대조적이다. 현재 전통적으로 보수당 지지 세력이었던 국교회를 믿는 유권자의 39%만이 보수당을 지지하고 있으며, 나머지 유권자는 노동당과 자유민주당을 지지한다. 또한 가톨릭을 믿는 유권자들도 휘그의 후신인 자유민주당(13%)보다 노동당(60%)을 지지하고 있다.

지금까지 살펴본 바와 같이 영국 유권자들의 정당지지 현상은 지난 20여 년간 크게 변했다. 과거에는 계급, 성, 연령, 지역 등 사회인구학적 성격에 따라 정당 지지가 이뤄졌으나, 최근에는 각 정당이 제시하는 정책과 이슈에 따라 달라진다. 영국 유권자들이 정당 지지에 중요한 영향을 미치는 정책 또는 이슈는 국가보건서비스(NHS: National Health Service), 법과 질서, 교육, 경제, 실업, 연금 그리고 세금 등의 순으로 나타나고 있다. 그리고 영국 유권자들은 이러한 이슈와 관련해서 보수당보다 노동당이 잘 해결할 것이라는 신뢰를 갖고 있다.

　20세기 후반부터 시작된 영국의 정당정치와 유권자들의 정당지지의 양상은 서서히 변화하고 있으며, 영국의 정당들은 이러한 변화에 적응하기 위해 많은 노력을 쏟고 있다. 그렇기 때문에 영국의 정당정치와 민주주의는 위기를 맞지 않고 안정적으로 운영되고 있는 것이다. 다알(Robert Dahl)은 민주주의의 특성을 "다수의 이해와 요구에 지속적으로 반응하는 것"이라고 말하고 있다 (1971). 비록 영국의 정당이 귀족의 편에서 시작됐지만, 영국 국민들의 이해와 요구를 지속적으로 반영하기 위한 노력이 이뤄지면서 이제 정당은 평민의 친구가 됐다.

6장

변화하는 승자독식의 민주주의: 영국의 선거제도

홍재우

선거는 주권자인 시민이 권한을 행사하는 민주주의 최대의 축제다. 대의
민주주의에서 시민은 투표를 통해 정당과 정치인에게 정부를 구성할 정
당성을 부여한다. 선거를 통해 정당과 정치인은 시민으로부터 국정을 관리할
권한을 한시적으로 위임받게 되는 것이다. 집권기간 동안의 업적에 대한 유권
자의 평가에 따라 재집권에 성공할 수도 실패할 수도 있다. 실패할 경우 집권
당은 야당이 되어 정부를 비판하고 견제하는 역할을 수행하게 된다. 이와 같
이 시민은 선거를 통해 정부의 업적을 평가하고 새로운 정당과 후보자를 선택
함으로써 잘못을 심판한다.

영국에는 크게 세 가지의 선거가 있다. 하원의원을 뽑는 총선거, 지방의회
를 구성하는 지방선거, 그리고 유럽의회 의원을 선출하는 유럽의회선거다. 영
국은 흔히 내각제[1]라고 불리는 의회중심제의 원조이자 입헌군주국가다. 정부
의 수반인 총리는 시민에 의해 직접 선출되는 것이 아니라 의회에서 선출되며
국왕에 의해 형식적으로 임명된다. 따라서 정치의 주요 무대는 의회, 그중에
서도 하원이다. 오늘날 형식적인 권한만 남은 상원의원은 국왕이 임명하며 하
원의원은 국민의 선거로 선출된다. 따라서 하원선거는 정부를 구성하는 가장
중요한 선거라고 할 수 있다. 수세기에 걸쳐 영국 하원선거는 그 제도적 특징

때문에 승자독식의 결과를 낳아왔다. 개별 지역구에서 단 한 명만이 선출되기 때문에 다수의 지지를 받지 못해도 당선될 수 있었고, 이런 결과가 전국적으로 합해져 과반수의 득표를 하지 못한 정당도 승자가 되는 전통이 이어져 왔다. 이런 승자독식의 정치적 결과가 오랫동안 지속되어 왔어도 영국은 수준 높은 민주적 정치문화를 만들어왔다. 그것은 승자의 정치적 책임을 엄중히 묻는 영국 양당제도의 전통 때문이기도 하며, 대통령중심제보다는 융통성이 있는 의회중심제를 채택했기 때문이기도 하다.

하지만 최근 영국에서는 지방의회선거와 유럽의회선거를 통해 승자독식 현상을 만들지 않는 정치제도들이 시험적으로 받아들여지고 있다. 이런 제도가 확산된다면 승자독식의 민주주의는 새로운 정치문화를 만들어낼 여지도 많다. 다시 말해 제도의 변화를 통해 영국정치의 특성이 변화할 가능성이 있다는 것이다.

다양한 선거와 상이한 제도들

선거제도는 운동경기로 치면 게임의 규칙이다. 월드컵이 열릴 때마다 FIFA가 내 놓은 새로운 규칙이나 기존 규칙에 대한 변화된 적용 등에 관심을 갖는 것은 게임의 규칙이 조금 변해도 결과에 큰 영향을 미칠 수 있기 때문이다. 마찬가지로 선거제도가 어떤 식으로 짜여져 있는가는 그 나라의 정치에 커다란 영향을 미친다.

선거제도는 대체로 선거구의 경계를 어떻게 그릴 것인가, 누가 투표할 수 있고 누가 입후보할 수 있는가, 어떤 종류의 선거운동이 허용되는가 등과 관련된 많은 규칙과 고려 사항들을 포함하고 있다. 그중에서도 특히 중요하게 여겨지는 것은 후보자나 정당이 얻은 표를 의석으로 전환하는 방식이다. 정치학자들에 따르면 투표자가 자신의 선택을 전혀 바꾸지 않아도 방식의 차이에 따라 선거 결과는 달라질 수 있다. 따라서 어떤 방식으로 표를 계산하는가는 매우 중요한 문제다. 선거제도는 한 나라의 정치적·역사적·문화적 특성에 따른 소산이다. 영국도 예외가 아니어서 나름의 선거제도를 발전시켜왔다. 대표적인 것이 하원선거에서 채택한 1위대표제로 많은 나라의 선거제도에 영향을 끼쳤다. 또 한편으로 지방선거와 유럽연합선거에서는 각기 다른 선거제도를 채택하고 있다.

1. 선거구와 의석수

영국의 민주주의를 승자독식의 민주주의라 하는 까닭은 하원선거와 관계가 있다. 하원선거는 1위대표제를 채택하고 있다. 가장 단순한 선거제도로 한 지역구에서 가장 많은 표를 얻은 한 명의 후보자가 당선된다. 이 방식은 간편한 반면 많은 문제를 안고 있다. 우선 당선자는 과반수를 얻을 필요가 없이 후보자 중에서 가장 많은 득표를 하면 되기 때문에 다른 후보자가 얻은 표는 모두 사표로 처리된다. 따라서 당선자를 지지한 표는 상대적 다수에 불과하며 후보자가 셋 이상이라면 전체적으로는 소수일 가능성이 높다. 따라서 정당의 득표율보다 의석수가 훨씬 많은 경우가 빈번하게 발생한다. 실제로 1950년 이후 영국에서 과반수의 의석을 차지한 집권당이 절반 이상의 득표율을 기록한 적은 거의 없었다.

1위대표제
결승점을 처음 통과했다는 의미의 FPTP(First Past the Post) 혹은 선거구에서 최다득표자 한 명을 선출한다는 의미의 SMDP(Single Member District Plurality)로 불리기도 한다이와 같은 선거제도는 거대 정당에게 유리하게 작용하여 양당제를 형성시키는 경향이 있는 것으로 알려져 있다. 소규모 정당이 자리 잡을 틈이 없기 때문이다. 예를 들어 대의제의 본래 뜻을 생각한다면 10% 정도의 전국적인 지지를 받는 정당은 의석수도 10%를 차지해야 할 것이다. 그러나 10%의 지지가 전국적으로 골고루 분포되어 있다면 이 정당은 1위대표제에서는 단 한 석도 얻지 못할 수도 있다. 또한 이 제도 하에서는 소규모 정당을 지지하는 유권자들은 실제 선거에서는 당선 가능한 후보를 선택하는 경우가 많기 때문에 군소 정당들이 의석을 얻을 가능성은 더욱 줄어든다.

1위대표제를 채택하고 있는 영국의 경우 선거구의 경계는 두 가지 측면에서 매우 중요하다. 첫째, 표의 등가성의 측면이다. 선거구마다 인구 규모가 크게 차이가 난다면 의원 한 사람을 뽑기 위해 필요한 득표수에도 차이가 나게 마련이다. 다시 말해 한 의원이 대표하는 인구의 수가 다르다면 정치적으로 평등한 권리를 강조하는 민주주의 원칙에 어긋나게 된다. 둘째, 선거구의 경계가 불합리하게 정해지면 제리맨더링(Gerrymandering)[2]이나 털리맨더링(Tullymandering)의 위험이 생긴다.

선거구는 하원의장이 위원장을 맡고 있는 선거구 획정위원회(Boundary Commission)가 정한다. 위원회는 8년 혹은 12년마다 각 정당의 의견을 취합하여 선거구를 조정하며 그 사이에도 인구변동에 따라 소규모의 조정을 권고하기도 한다. 1위대표제가 갖고 있는 선거구 획정의 민감성 때문에 의원들은

제리맨더링과 털리맨더링

제리맨더링(게리맨더링)은 정당 지지표의 효율성을 극대화하기 위해 선거구의 경계를 조작하는 행위를 말한다. 1812년 미국 매사추세츠 주지사였던 제리(E. Gerry)가 자신이 지지하는 후보자들을 당선시키기 위해 도마뱀(Sala-mander)처럼 생긴 좁고 복잡하고 긴 형태의 선거구를 고안하면서 비롯됐다. 털리맨더링은 노골적 제리맨더링의 실패를 의미하는 말이다. 1974년 아일랜드 노동당 소속의 털리(J. Tully)는 기존의 아일랜드 공화당(Fiana Fail)의 제리맨더링에 대한 보복조치로 자신들에게 유리한 새로운 선거구를 획정했다. 그러나 예상과는 달리 오히려 공화당이 크게 혜택을 본다.

위원회의 활동에 항상 관심을 갖고 있다.

1997년 새로운 선거구 획정에 따라 의석수가 8석이 증가해 총 의석수는 651석에서 659석으로 상향 조정됐다. 418개 선거구의 구획이 크게 변했고 76개 선거구에서 약간의 조정이 있었다. 많은 전문가들은 보수당이 새로운 선거구 획정으로 약 20석의 추가 혜택을 볼 것이라고 예상했으나 결과는 달랐다. 노동당은 각 지역구의 지지도를 정확히 예측한 결과 불리하지 않다고 판단했고 선거구 조정에 동의하여 총선에서 승리했다. 2001년 총선에서도 노동당은 보수당에 비해 훨씬 좋은 성과를 거뒀다. 즉 노동당이 1석을 얻기 위해 필요한 득표수는 보수당이 1석을 얻기 위해 필요한 득표수보다 평균 6,400명 적었다. 효율적으로 득표를 해서 당선되고 남아도는 표를 최소화했다는 뜻인데 결국 지지도에 비해서 훨씬 많은 의석을 얻을 수 있었다.

이처럼 선거구가 어떻게 그려지는가에 따라 선거 결과에 큰 차이를 보이는 것이 1위대표제의 특징이다. 하지만 2005년 선거 전까지 개별 선거구의 차이보다 더 큰 차이를 만들어 낸 것은 지역에 따른 의석배분 차이다. 1944년에 통과된 의석재분배법(Redistribution of Seats Act 1944)에 따라 스코틀랜드와 웨일즈는 인구규모보다 19석을 더 배정받았다. 역사적으로 노동당이 양 지역에서 모두 보수당보다 인기가 있었고 이 불균형은 1997년과 2001년 노동당의 승리에 공헌했다. 하지만 노동당 정부가 추진해 온 분권화정책으로 특히 스코틀랜드에 대한 의석추가 배정이 감소되어 2005년 선거에서는 총 의석수가 646명으로 다시 축소되었다.

케임브리지 대학교 킹스 콜리지(King's College)

대학선거구(University Constituency)

도시나 지방의 선거구와는 별도로 대학에 의석을 배정하는 대학선거구는 1603년에서 1950년 사이에 존재했다. 대학에 의석을 배정하는 것은 과거 통합왕국 이전 스코틀랜드 의회의 관습으로 제임스 1세에 의해서 잉글랜드 의회에도 채택되었다. 의회의 결정이 종종 대학에도 영향을 미치기 때문에 대표를 가져야 한다는 이유였다. 1603년에 처음으로 옥스퍼드와 케임브리지 대학이 각기 2석의 의석을 배정받았다. 대학선거구의 유권자는 대학의 동문들로 대학 내에 거주하거나 고용되어 있지 않아도 투표권을 얻었다. 따라서 이들은 자신의 지역구와 대학에 따로 투표할 수 있었다. 대학선거구는 이후 차츰 확장되어서 아일랜드와 웨일즈의 유명 대학들도 선거구를 획득했으며 1918년에는 여러 잉글랜드의 대학과 스코틀랜드의 대학이 연합해서 의석을 배정받기도 했다. 대학선거구의 대표들은 주로 보수당 의원들이었기 때문에 1930년 노동당 정부는 대학선거구를 폐지하려고 했으나 실패하다 결국 1950년 폐지됐다.

이들 대학선거구를 통해 저명한 정치인들이 선출되기도 했는데, 소(小) 피트(W. Pitt)는 1784년부터 죽을 때까지 케임브리지 대학에서 선출됐다. 또 대학선거구는 말년의 정치인들이 정치 생명을 유지하는 방법으로 사용된다고 비판받았다. 원래 대학선거구 폐지를 요구했던 노동당의 램지 맥도널드는 1935년 지역구 선거에서 낙선된 뒤부터는 스코틀랜드 대학을 통해서 의원직을 유지하기도 했다.

2. 선거권과 피선거권

시민권을 지닌 모든 영국인들은 18세 이상이면 투표권을 갖는다. 그리고 시민권이 없어도 투표권을 가질 수 있다. 영국 내에 합법적으로 거주하는 영연방 국가의 시민권자와 아일랜드공화국 시민권자가 해당된다. 대부분의 국가에서는 시민권을 투표권의 유일한 조건으로 간주하므로 분명 매우 예외적인 경우다. 이는 1918년 인민대표법(Representation of the People Act 1918)의 유산이다. 투표권의 범위를 당시 대영제국의 모든 신민으로 규정했기 때문이며 이후 아일랜드나 다른 식민지들이 독립한 이후에도 이들 국가의 시민 중 영국에 거주하는 사람들은 투표권을 유지했다. 또한 유럽연합에 속한 국가의 시민권자들도 유럽연합 선거와 지방선거에 투표할 수 있다.

영국 국적을 가진 재외 교민도 이민 후 15년 동안 투표권을 준다. 영국을 떠날 당시 18세 미만이더라도 18세가 되면 투표할 수 있다. 투표권을 가진 사람들이 투표하기 위해서는 해당 선거구에 등록해야 하며, 연중 어느 때라도 등록이 가능하지만 늦어도 선거 11일 이전까지는 해야 한다. 해외의 유권자는 영국을 떠나기 직전에 거주했던 지역에 등록할 수 있다. 투표와 기권은 자유이며 기권에 대한 불이익은 없다.

투표권 제한도 독특하다. 귀족으로 구성된 상원의원들은 영국시민임에도 불구하고 하원선거에 투표할 수 없다. 현재 하원의 명칭인 'House of Commons'에서 보듯이 역사적으로 하원이 '평민'들의 회의였기 때문이다. 법률로 투표권이 제한된 것은 아니지만 투표할 경우 위헌으로 간주될 수도 있다. 그 밖의 제한은 다른 나라와 유사하다. 정신상태에 문제가 있거나 형을 확정 받은 기결수는 투표권이 제한된다. 과거 5년 동안 선거 관련 부정과 불법적인 행동으로 유죄판결을 받아도 투표할 수 없다.

선거에 출마하려면 만 21세 이상이어야 한다. 선거권과 마찬가지로 피선거권의 국적 자격도 다른 나라와 비교하면 특이한 편이다. 후보자가 될 자격은 영국 시민권자와 영국에 거주하는 아일랜드 그리고 영연방 국가의 시민권자이다. 후보자는 출마하고자 하는 지역구에서 열 명의 유권자들로부터 추천서를 받아서 제출해야 한다. 추천서에는 이들 유권자의 서명과 후보자의 이름, 주소 그리고 최소 여섯 단어로 이루어진 후보자에 대한 소개가 들어가야 한다. 후보자는 또한 500파운드의 공탁금을 내야 하는데, 선거에서 유효 투표의 5% 이상을 얻으면 돌려받을 수 있다. 이런 공탁금 제도는 대개 무분별한 후보자 난립을 방지하기 위해서 채택된다.

투표권의 제한처럼 피선거권 또한 합법적으로 제한된다. 즉 파산상태에 놓여 빚이 탕감되지 않은 사람, 1년 이상의 실형을 받은 사람, 잉글랜드, 스코틀랜드, 아일랜드 교회와 로마 가톨릭 교회의 사제, 상원의원, 그리고 1975년에 제정된 하원부적격자법(House of Commons Disqualification Act 1975)에 속하는 사람들로 판사, 공무원, 일부 지방정부 관료, 직업군인과 경찰, 공기업과 정부의 각종 위원회에 속한 사람들 중 일부가 포함된다.

3. 선거권 확장의 역사

19세기에서 20세기 후반까지 선거법에 대한 여러 차례의 개정이 있었으며 이는 영국 정치의 본질적인 변화를 가져오기도 했다. 실제로 1928년까지 오늘날 우리가 얘기하는 보통 선거권은 존재하지 않았다. 영국선거의 유래는 대개 몽포르가 1263년에 소집한 대자문회의 참석자들이 각 지역에서 처음으로 '선

출' 된 데서 찾는다. 당시의 선거권은 연소득 40실링 이상을 소유한 토지 소유
자에 한했으며 각 지역의 구마다 선출되는 대표의 수도 달랐고 모든 지역이
모두 대표를 가질 권한을 갖는 것도 아니었다. 이 권한은 점차 확장되기는 했
지만 명예혁명이 일어난 1689년에서 대개혁법이 통과된 1832년까지 투표권
을 갖고 있는 사람은 전체 성인남성 인구의 10%가 채 되지 않았다. 선거권은
이후 근 한 세기에 걸쳐 점진적으로 확장되어 왔다. 1832년 이후 선거권 확장
은 다음과 같이 전개됐다.

1832년 개혁법(Reform Act 1832): 대개혁법(the Great Reform Act)이라고 불리
　　　는 이 법을 통해 112석의 56개 부패선거구가 사라지고 투표권을 갖기 위
　　　한 재산 기준이 완화되었다. 유권자 등록이 처음 시행되었고 선거구가
　　　다시 그려져 산업화된 도시에 142석이 추가로 배정되었다. 유권자 수는
　　　전체 성인남성 인구의 14%로 약간 상향된 데 그쳤지만 이 개혁은 보통
　　　선거권 획득을 위한 중대한 첫걸음이었다.
1867년 개혁법(Reform Act 1867): 선거구 재획정으로 런던과 산업지역에 42석
　　　이 추가로 배정되었고 재산소유 조항이 약화되어 일부 노동자 계급도
　　　선거에 참여할 수 있게 되어 결과적으로 성인남성의 32%가 투표할 수
　　　있게 되었다.
1872년 비밀투표법(Secret Ballot Act 1872): 처음으로 비밀투표가 보장되었다.
1883년 부패와 불법행위법(Corrupt and Illegal Practice Act 1883): 유권자를 매
　　　수하는 행위가 금지되었으며 선거운동 비용이 제한되기 시작했다.
1884년 참정권법(Franchise Act 1884) / 1885년 의석 재분배법(the Redistribution
　　　of Seats Act 1885): 유권자 비중이 전체 성인남성의 56%로 확장되었다.

1918년 인민대표법(Representation of the People Act 1918): 선거권이 대폭 확장되어 21세 이상의 모든 성인남성과 30세 이상의 성인여성에게 투표권이 주어졌다. 이 해 말에 30세 이상의 여성들에게 피선거권도 함께 주어졌다. 처음으로 선출된 여성 의원은 1918년에 선출된 마키위츠(Constance G. Markiewicz)였으나 당선을 거부하였기 때문에 실제로 하원에 출석한 최초의 의원은 이듬해 선출된 애스터(Nancy Astor)였다.

1928년 평등선거권법(Equal Franchise Act 1928): 여성의 선거권 연령이 21세로 낮춰져 처음으로 남녀가 동등한 선거권을 획득하게 되었다.

1949년 인민대표법(Representation of the People Act 1949): 대학선거구가 폐지되면서 모든 종류의 복수 투표권이 폐지되고 1인1투표제가 완전히 정착되었다.

1969년 인민대표법(Representation of the People Act 1969): 선거권 연령이 18세로 하향 조정되었다.

1985년 인민대표법(Representation of the People Act 1985): 영국 시민으로서 영국을 떠난 지 5년 이내의 사람들에게 투표권을 주었다. 이 기간은 나중에 20년으로 늘어났다.

2000년 인민대표법(Representation of the People Act 2000): 선거구를 획정하고 선거 비용을 감사하는 선거관리위원회(Electoral Commission)가 설치되었으며 해외거주 영국인의 투표권 기간이 15년으로 축소되었다.

여성 참정권
1928년에야 여성이 동등한 참정권을 얻는다. 이는 약 50여 년에 이르는 열정적인 운동의 결과. 여성의 참정권은 이전에도 지속됐으나 별 성과가 없다가 1905년 '여성의 사회정치연맹' 결성으로 과격한 양상을 띤다. 왕족의 마차에 몸을 던져 자살하기도 했다. 제1차 세계대전 전쟁 기간 동안 여성운동은 중단됐지만 산업현장에 뛰어든 여성들로 인해 여성 참정권에 대한 인식이 변화했다.

영국정치의 중심인 하원의원선거

1. 의회의 해산과 선거

1911년 의회법에 따라 하원의원의 임기는 5년이다. 임기를 다 채울 수도 있지만, 정부가 불신임되거나 총리가 요구할 경우 즉각 의회는 해산되고 다시 선거를 치른다. 의회중심제의 특성 때문이다. 총리는 당과 내각에 유리하다고 생각될 경우 언제든지 의회를 해산할 수 있다. 단지 형식적으로 총리의 조언에 따라 국왕이 해산하는 것으로 돼있을 뿐이다. 이 경우 선거는 의회가 해산된 지 17일 이내에 열려야 한다(이 기간에서 주말, 공휴일 등은 제외된다). 만약 의회가 해산됐는데 국왕이 사망하는 사태가 발생할 경우 선거는 2주 동안 연기된다. 총선거가 치러지는 동안 국정은 고위 직업공무원에 의해 유지되지만 국가위기 시에는 내각이 다시 소집될 수 있다. 선거일은 1935년 이후 관습적으로 목요일로 정해져 있으나 총리가 다른 요일로 바꿀 수도 있다. 1945년부터 2005년까지 열일곱 차례의 총선 중에서 5월, 6월, 10월에 4차례 있었고 2월에 두 차례 있었다. 선거가 공고된 날부터 선거일까지의 기간 동안 공정한 선거를 위해서 정부는 특정 정당이나 후보(주로 현 집권당)에게 유리할 정책이나 법

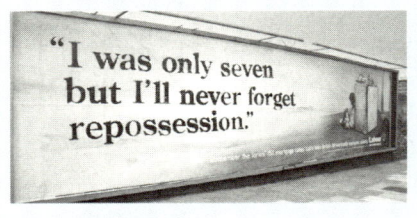

선거운동비용

선거운동비용은 법에 의해 제한된다. 2001년 선거를 기준으로 보자면 후보자는 인구가 밀집된 도시의 구에서는 기본 5,483파운드에 추가로 유권자 1인당 4.6페니를 쓸 수 있었고 인구가 넓게 분포된 지방 군에서는 유권자 1인당 6.2페니를 사용할 수 있었다. 따라서 각각의 후보는 한 지역구에서 대략 9천 파운드의 선거운동 경비를 사용했다. 선거운동 기간에 후보자는 각 가정에 한 편의 홍보물을 무료로 발송할 수 있으며, 나머지 경비는 모두 법이 정한 제한에 포함된다. 또 선거가 끝나면 35일 이내에 각 후보의 대리인이 선거 경비를 발표해야 한다.

정당이 선거에서 사용할 수 있는 경비도 마찬가지로 제한된다. 2000년에 제정된 〈정당, 선거, 국민투표법〉(Political Parties, Elections, and Referendums Act 2000)은 정당이 선거를 앞둔 12개월 동안 사용할 수 있는 경비를 제한하고 있다. 정당이 최대한 사용할 수 있는 비용은 정당의 후보가 출마하는 지역구의 숫자에 따라 달라지는데 보통 한 정당이 약 3만 파운드를 한 선거구에서 사용할 수 있다. 어떤 정당이 659개의 모든 지역구에 후보자를 내세운다면 선거일까지 365일 동안 그 정당이 사용할 수 있는 경비는 약 1977만 파운드 정도이다. 따라서 법 제정 이후 채 365일이 되기 전에 시행된 2001년 선거에서 모든 선거구에 후보자를 내세운 정당이 전국적으로 사용할 수 있는 비용은 1540만 파운드였다.(Bentley, et al, 2005, 72)

안을 새롭게 추진할 수 없으며 추진한다는 사실을 대중에게 밝힐 수 없다. 보통 6주에 걸치는 이 기간을 장막이나 가리개를 의미하는 퍼다(Purdah)라 한다.

한편 현역 하원의원이 사망하거나 은퇴할 경우 보궐선거가 치러진다. 단 의회가 해산됐다면 따로 보궐선거가 열리지는 않는다. 매우 드문 경우지만 고등법원의 선거법위반 판결로 보궐선거를 치르기도 한다. 보궐선거가 결정되면 후보자들이 좀 더 많은 선거비용을 쓸 수 있다는 점을 제외하고는 일반적인 총선과 다르지 않다. 총선보다는 훨씬 많은 약 10만 파운드의 선거운동 상한선이 모든 후보자에게 공히 적용된다. 총선 사이에 열리는 보궐선거는 여론을 알 수 있다는 점에서 관심을 끌기도 한다.

2. 하원 다수당의 내각 구성

선거 이후의 내각 구성에 관한 사항을 보더라도 영국 정치를 지배하는 관습의 힘을 알 수 있다. 다른 의회중심제 국가들과 같이 영국에서도 국왕의 형식적 요청에 따라 다수당이 내각을 구성한다. 기존 집권당이 계속 승리한 경우 정부와 내각은 그대로 유지된다. 총리를 포함한 정부 각료들은 의회의 승인이나 선출 없이 그 직을 그대로 유지할 수 있다. 국왕의 내각 구성 위임절차도 필요 없다. 즉 집권당이 승리할 경우 총리와 내각의 새로운 임기가 시작되는 것이 아니다.

만약 기존 집권당이 패배했을 경우 총리는 국왕에게 사직서를 제출한다. 그러나 총리가 사직서를 제출하지 않는다면 국왕은 새로운 내각을 구성할 아무런 역할도 할 수 없다. 매우 드물지만 총리는 선거에 패배했어도 새로운 의회가 자신의 내각을 불신임할 때까지 그 직을 유지할 수 있다. 그러나 그 불신임은 내각에 대한 직접적인 불신임 투표로 이루어지는 것이 아니라 새로운 의회가 열릴 때 행하는 '국(여)왕의 의회 연설'(Queen's speech)에 대한 의회의 태도에 따라 결정된다. 의회가 연설을 받아들이지 않으면 내각은 불신임된 것으로 간주된다. 실제로 1974년 보수당의 히스(Edward Heath) 총리는 선거에 패배한 이후에도 자유당과의 연립협상을 진행하며 사임하지 않고 버텼다. 협상이 실패로 돌아간 이후에야 총리는

의회에서 연설하는 여왕

정 당	의석수(비율%)	득표(비율%)
노동당	356(55.2)	9,562,122(35.3)
보수당	198(30.7)	8,772,598(32.3)
자유민주당	62(9.6)	5,981,874(22.1)
스코틀런드 민족당	6(0.9)	412,267(1.5)
민주통합당(아일런드)	9(1.4)	241,856(0.9)
웨일즈당	3(0.5)	174,838(0.6)
신 페인	5(0.8)	174,530(0.6)
사회민주노동당	3(0.5)	125,626(0.5)
기타 의석	4(0.6)	336,247(1.2)
무석 정당		1,328,769(4.9)
합계	646	27,110,727(100.0)

출처: http://en.wikipedia.org/wiki/United_Kingdom_general_election%2C_2005

사직서를 제출했고 그 이후 여왕은 노동당의 윌슨(Harold Wilson)에게 내각 구성을 요청했다. 즉 총리가 선거 결과에 따라 자신의 거취를 결정하기 전까지 국왕은 내각 구성에 대해 아무런 조치를 취할 수 없는 것이다. 따라서 총리가 물러나기로 결정하기 전까지 국왕이 내각의 구성과정에서 하는 역할은 형식적이며 또한 매우 제한적이다. 집권당이 선거에서 계속 승리하는 경우 내각구성에 대한 국왕의 위임은 한번으로 충분하다. 1979년에서 1990년까지 총리를 역임한 대처나 1997년부터 현재까지 집권한 블레어도 여왕으로부터 단 한 번의 조각 위임을 받았을 뿐이다. 내각을 구성하지 않는 정당 중 가장 다수의석을 차지한 정당은 '여왕의 충성스런 야당'(Her Majesty's Loyal Opposition)이라는 공식적인 지위를 받으며 다른 정당은 그냥 야당(the opposition)으로만 불린다.

지역마다 독특한 지방선거

그레이트 브리튼과 북아일런드의 연합왕국(United Kingdom of Great Britain and Northern Ireland)이라는 긴 이름의 공식 명칭이 말해주듯 영국은 브리튼 섬의 세 왕국과 아일런드 섬의 북부 영토로 이뤄진 연합 왕국이다. 좁은 영토에 비해 역사적 전통과 문화는 상당한 차이를 보이고 있으며 각 지역 주민들의 지역성도 나름대로 뚜렷한 편이다. 그럼에도 불구하고 영국은 연방제가 아니라 강력한 중앙정부가 주권을 갖고 있는 단방제(혹은 단일제)를 채택하고 있다. 대개 단방제 국가들은 단순하게 조직된 수직적 정부 구조를 갖고 있는 데 반해 영국의 지방자치 구조는 최근 노동당 정부의 지방분권화정책 덕분에 상대적으로 독특한 편이다.

지방의회의 문장
위로부터 스코틀런드, 웨일즈,
북아일런드

1. 스코틀런드, 웨일즈, 북아일런드 의회선거

잉글런드를 제외한 세 개 지역이 의회를 갖게 된 것은 1997년부터인데 그 선출 방식은 하원 선출 방식과 다르다. 스코틀런드는 단원제 의회를 채택하고 있으며 129명의 의원을 선출한다. 투표자는 2표를 던질 수 있는데 하나는 73명의 지역구 의원에게 다른 하나는 정당명부에 투표한다. 유럽연합 선거구와 동일한 8개의 선거구에서 각각의 정당명부를 작성하여 7명씩 총 56명의 비례대표 의원을 선출한다. 웨일즈도 이 같은 선거제도를 갖는데, 하원의원의 선거구와 동일한 40개 선거구에서 1명씩 선출하며 정당명부에서 20석의 비례대표 의원을 선출한다. 스코틀랜드와 웨일즈는 정당득표로 한 정당의 전체 의석수를 결정한 이후에 여기서 지역구에서 당선된 의석수를 뺀 의석만큼 비례의석을 배정하는 독일식의 혼합형 선거제도를 채택하고 있다. 따라서 지역구에서 한 정당이 차지한 의석수가 이 정당이 정당투표에 의해 배정된 의석수보다 많을 경우에는 정당득표를 아무리 많이 얻었어도 비례의석은 단 한 석도 얻지 못하며 지역구에서는 초과의석이 발생한다. 만약 지역구에서 단 한 석도 얻지 못했다 해도 정당득표에서 일정 수준의 득표를 하였다면(주로 5% 이상) 그 정도의 비례의석을 배정받을 수 있다. 북아일랜드는 아일랜드 공화국과 같은 **단기이양식**(Single Transferable Voting System)을 채택하여 18개 지역에서 108명의 의석을 선출한다. 이들 세 지역은 모두 지역을 대표하는 민족 정당들이 상당한 의석을 확보하고 있다. 북아일랜드는 통합주의자(Unionist)들과 민족주의자(Nationalist)간의 분열로 특징되는 결과를 보여준다. 북아일랜드 의회는 1921년 처음 열렸다. 이후 1972년까지 일정 수준의 자치를 해 왔으나 신－구교도들 간의 내전 양상이 일어나자 1972년 런던의 중앙정부는 직할 통치를 결정하고 의회를 중지시켰다. 〈1998년 아일랜드 법〉과 굿프라이데이 평화 협정으로 선거가 다시 치러졌으나 신－구교도들의 갈등으로 의회는 다시 런던 정부에 의해 권한정지를 당했다. 이 상태에서 2003년 계획된 대로 선거가 치러졌으나 양측의 갈등이 지속되어 의회는 개회되지 못하고 있는 상황이다.

단기이양식 선거제도

흔히 가장 복잡한 선거방식으로 알려졌으나 유권자의 의사를 가장 잘 반영하는 방식이기도 하다. 보통 한 선거구에서 3인 이상의 당선자를 배출하는데, 투표자는 후보자에 대한 선호 순서를 표시한다. 제1선호표에 의해 지정된 쿼터(quota) 이상을 얻은 후보가 나오면 그 후보는 당선이 확정되고 당선자가 얻은 득표 중 초과득표는 제2선호에 따라 다른 후보에게 배분되는 식이다.

다음의 표는 지난 2003년 스코틀랜드의회와 웨일즈의회의 선거결과이다.

스코틀랜드의회선거 결과(2003년)

정당	1인 1구		정당명부		전체의석
	득표(비율%)	의석	득표(비율%)	의석	
노동당	659,879 (34.6)	46	561,379 (29.3)	4	50
스코틀랜드 민족당	449,476(23.8)	9	399,659(20.9)	18	27
보수당	312,598(16.6)	3	296,929 (15.5)	15	18
자유민주당	286,150(15.3)	13	225,774 (11.8)	4	17
스코틀랜드 사회당	117,709(6.2)	0	132,138 (6.9)	6	6
스코틀랜드 녹색당			128,026(6.7)	7	7
기타	65,523 (3.4)	2	171,951 (8.9)	2	2

출처: http://en.wikipedia.org/wiki/Elections_in_Scotland

웨일즈의회선거 결과(2003년)

정당	1인 1구		정당명부		전체의석
	득표(비율%)	의석	득표(비율%)	의석	
노동당	340,535 (40.0)	30	310,658 (36.6)	0	30
웰즈당	180,185 (21.2)	5	167,653 (19.7)	7	12
보수당	169,842 (19.9)	1	162,725(19.2)	10	11
자유민주당	120,250 (14.4)	3	108,013(12.5)	3	6
기타	40,575 (4.40)	1	100,503(12.0)	0	1

출처: http://en.wikipedia.org/wiki/Welsh_Assembly_Election%2C_2003
노동당이 정당명부에서 최다득표(36.6%)를 획득하고도 비례대표 의석을 얻지 못한 이유는 독일식의 혼합 선거방식 때문이다.

2. 지방의회와 시장선거

카운티, 버러, 교구(parish) 등 각 행정구역 단위의 지방의회 의원들의 임기는 4년이다. 하지만 이들의 선출 방식은 각기 달라서 어떤 지역은 매 4년마다 의원 전체에 대한 선거를 실시하며 어떤 지역은 매년 일정 부분의 의원들만

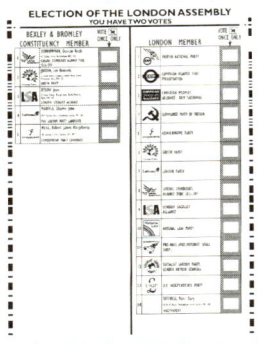

런던의회 투표용지

보충투표제

대안투표제의 일종으로 투표자는 자신의 선호 순위에 따라 여러 명의 후보자에게 투표할 수 있는 제도. 런던시장 선거의 경우에는 두 후보자에게 순위를 매길 수 있다. 개표할 때 1순위 표를 모아서 절대 과반수에 도달하는 후보가 없다면 상위 2명을 남기고 나머지를 탈락시키며 탈락된 후보자들의 2순위 표를 남아있는 두 후보에게 분배하여 승자를 결정한다.

새로 선출한다. 따라서 이들의 선출 시기는 매번 다르다. 선거는 대체로 매년 5월 첫째 목요일에 실시되며 총선이 열리는 해에는 같이 열리기도 한다. 선거제도도 각기 달라서 북아일런드 지역에서는 전통적인 단기이양식이, 스코틀런드의 모든 지역과 잉글런드, 웨일즈의 일부 지역에서는 1위대표제가, 나머지 지역에서는 한 선거구에서 복수의 대표를 상대적 다수로 뽑는 중선거구제가 채택되고 있다. 2004년 스코틀런드의회는 새로운 지방 정부 법안을 통과해 2007년부터 단기이양식을 카운티/버러 단위의 선거에서 채택하기로 했다.

2000년 지방정부법(The Local Government Act of 2000)에 의해 인구 8만 5천 명 이상의 지방 행정 단위에서는 자신들의 자치 방식을 주민투표를 통해 세 가지 중 하나로 선택할 수 있었다. ① 10명 이내의 지방의회 의원들과 의회대표로 구성된 집행부 ② 직접 선거로 선출된 시장과 시장이 임명한 10명 이내의 지방의회 의원들로 구성된 집행부 ③ 직접 선거로 뽑힌 시장과 그가 임명한 한 명의 집행관이 의회를 이끄는 방식 등이다. 첫 번째 방식이 가장 많이 선택되었고 비교적 소수의 지방 단위에서만 두 번째 방식이 선택되었다. 대부분의 시장은 1위대표제에 의해서 선출되며 런던광역시장만이 후보 2명까지 좋아하는 순서대로 표시하는 보충투표제(supplementary vote)에 의해서 선출된다.

유럽의회선거와 국민투표

1. 유럽의회선거

유럽의회선거는 유럽의회가 직접선거에 의해서 구성되기 시작한 1979년에 처음 실시됐으며 의원의 임기는 5년이다. 유럽의회 의원은 지리적으로 나눠진 선거구에서 선출되는데 국가마다 선출방법은 서로 다르다. 영국의 경우 북아일런드를 제외한 나머지 지역은 1999년까지 유럽의회선거에서도 1위대표제를 사용해왔다. 그 결과는 하원선거와 마찬가지로 거대정당에게 유리하고, 전국적으로 고른 득표를 하는 소수 정당에게는 절대적으로 불리하게 작용했다.

예를 들면 1989년 유럽의회선거에서 녹색당은 230여만 표를 얻어 전체 득표의 15%를 차지했으나 단 한 석의 의석도 얻지 못했다. 1999년 유럽의회선거법에 의해서 새로운 비례제도들이 도입됐다. 잉글런드, 스코틀런드, 웨일즈는 폐쇄형 정당명부식을, 북아일런드는 단기이양식을 채택했다. 1979년에서 1989년까지 영국은 유럽연합의회에서 총 81석의 의석을 차지했고 1993년에 87석으로 조금 늘어났다. 1999년에 선거제도를 개편함에 따라 기존의 87개 선거구는 인구 2백만 명에 4석을 갖는 북동잉글런드부터 인구 5백만 명에 11석을 갖

영국의 유럽의회 선거구

Election for the European Parliament
NORTH WEST REGION
You have **one vote**

	Conservative Party	
1	1. Arthur John Briggs 2. Edith Pickering 3. David Hamish Scott 4. Ibrahim Malik 5. Douglas Alastair Chapman	6. Christopher Paul Harrison 7. Derek Holloway-Jones 8. Russell Montgomery Johnstone 9. Anita Patel 10. Shelia Hammond-Armstrong

	Green Party	
2	1. James Edward Wellingborough 2. Kathleen Mary Feeriar 3. Mary Jean Chandler 4. Frank Probert 5. Samuel James Winstanley	6. William Anderson 7. Paul Alfred Mackenzie 8. Kathleen Siobhan Murphy 9. Maximus Paul Alexander 10. Philip Paul Holland

	Labour Party	
3	1. Eileen Iris Alsop 2. Indira Anita Gupta 3. Robert Henry Anderton 4. Victor Daniel Amos 5. Annabelle Susannah Riley-Bowles	6. Andrew Wilson 7. Harry Townsend 8. Eric Harvey Williamson 9. Monica Christine Mereston 10. Gareth Geoffrey Hardiman

	Liberal Democrat Party	
4	1. Peggy Veronica Greenburgh 2. David Lloyd-Parry 3. Simon Daniel Gabrielson 4. Julia Henrietta Drake-Henderson 5. Francesca Mildred Pearson	6. Ayobola Ajoku 7. Geraldine Mary Jennings 8. Barnaby James Sorenson 9. Patricia June Handryks 10. Gustav Arthur Jones

	United Kingdom Independence Party	
5	1. Peter Hamilton Price 2. Gordon Harold Bradley 3. Carole Stephenie Browster 4. Leonard David Atherton 5. Charles Henry Robinson-Browne	6. Joan Davidson 7. Camilla Jocelyn Stuart 8. Richard Archibald Butler 9. Carlos Philippe Jameson 10. Brian Atkinson

	Elizabeth Penelope Nightingale
6	Independant

	Manmeet Singh
7	Independent

유럽연합 의회 선거 **투표용지**

는 남동 잉글런드까지 총 12개의 의석수가 다른 선거구로 재편됐다.

유권자 자격은 하원선거와 비슷하다. 대신 유럽의회의원을 선출하는 선거이므로 하원선거 시 투표권이 없던 상원의원들도 투표할 수 있다. 비피선거권의 자격도 하원과 비슷하지만 하원에서는 출마가 금지되었던 성직자들의 출마가 허용되었다. 후보자는 30명 이상의 유권자에게 추천을 받아야 하며 5천 파운드의 공탁금을 내야 한다. 이 공탁금은 북아일런드를 제외한 모든 지역에서는 유효 득표의 5%를 얻으면 반환되며 북아일런드에서는 단기이양식이 규정한 쿼터 득표의 4분의 1 이상을 얻어야 반환된다.

2. 국민투표

대의민주주의는 국민이 모든 국정에 직접 참여하지 않고 대표를 뽑아 그들에게 결정권을 위임하는 것이니만큼 몇 가지 문제점을 갖고 있다. 우선 대표를 뽑기 위한 선거는 매우 많은 사안들이 복잡하게 얽혀있기 때문에 어떤 특정한 정책이나 사안에 대한 국민들의 의사를 묻는다고 보기는 어렵다. 특히 정당정치가 발전한 오늘의 상황을 볼 때, 유권자가 어떤 정당을 지지한다는 것이 그 정당의 모든 정책에 동의한다는 의미는 아니다. 따라서 특정한 정책이나 이슈에 대한 국민의 의사를 묻는 방법 중 대표적인 것이 국민투표다. 국민투표는 직접민주주의의 방법 중 하나로 대의민주주의의 문제점들을 보충하는 데 사용된다. 국민투표는 중요한 정책이나 이슈에 대한 국민의 의사를 묻는 대표적인 방법으로 찬반여부를 묻는 방식으로 진행된다.

국민투표의 문제점
국민투표는 국민에게 어떤 중요 사안에 대한 찬성/반대의 의사 표시를 요구하기 때문에 복잡한 문제를 단순화하는 위험성도 있다. 또 어떤 방식으로 질문이 구성되는지도 매우 중요한데 이런 것들이 국민투표 제도를 반대하는 데 중요한 이유로 간주되어 왔다.

다른 서구 국가들에 비해 영국에서는 국민투표가 자주 시행되지는 않았다. 1997년 노동당 집권 이전까지 4번의 국민투표가 있었고 이후 대규모 국민투표는 한 번도 없었다. 노동당 정부는 출범당시 새로운 투표제도에 대한 국민투표를 공약으로 내세웠으나 시행되지 않았고, 유럽연합헌법에 대한 국민투표도 무기한 연기됐다.

영국에서 국민투표가 자주 시행되지 않는 이유 중 하나는 국민투표가 법적인 구속력이 없기 때문이다. 영국의 국민투표는 두 종류인데 하나는 사전입법 국민투표이고 다른 하나는 사후입법 국민투표다. 명칭이 의미하는 바와 같이 법안이 통과되기 전에 국민들의 뜻을 묻는 것과 통과된 이후에 묻는 두 가지 방식인데 어떤 것이든 정부는 그 결과를 무시할 수 있다. 예를 들면 어떤 정책이 통과되기 전에 국민투표를 통해 국민들이 거부 의사를 표시했다 하더라도 의회는 이를 그대로 통과시킬 수 있다. 또한 의회가 이미 통과시키고 이후에 국민투표가 인정한 법안에 대해서도 의회는 이를 다시 뒤집는 법안을 만들 수도 있다. 이는 영국민주주의의 큰 특징인 의회주권에 근거한 것으로 현재의 의회는 미래의 의회가 취할 어떤 입법행위도 사전에 금지할 수 없기 때문

날짜	지역	사안	찬성	반대	투표율(%)
1973. 3. 8	북아일랜드	북아일랜드의 영국잔류	591,820 (98.9)	6,463 (1.1)	58.1
1975. 6. 5	영국 전체	영국은 EEC에 잔류	17,378,581 (67.2)	847,0073 (32.8)	63.2
1979. 3. 1	스코틀랜드*	스코틀랜드의회 설치	1,230,937 (51.5)	1,153,500 (48.3)	62.9
1979. 3. 1	웨일즈*	웨일즈의회 설치	243,048 (20.3)	956,330 (79.7)	58.3
1997. 9. 11	스코틀랜드	스코틀랜드의회 설치와 조세권	1,775,045 (74.3) / 1,512,889 (63.5)	614,400 (25.7) / 870,263 (36.5)	60.1 / 60.1
1997. 9. 18	웨일즈	웨일즈의회 설치	559,419 (50.3)	552,698 (49.7)	50.1
1998. 5. 7	런던	시장과 런던광역시의회의 설치	1,230,715 (72.0)	478,413 (28.0)	33.0
1998. 5. 22	북아일랜드	평화협정에 대한 지지여부	676,966 (71.1)	274,879 (28.9)	81.0
2004. 11. 4	잉글랜드 북부	잉글랜드 북부의 지방의회 설치	197,310 (22.1)	696,519 (77.9)	48.0

* 스코틀랜드와 웨일즈에서 치러진 이 국민투표는 과반수의 지지를 얻었지만 통과되지 못했다. 찬성이 유효득표수의 과반수가 아닌 유권자 수의 40%를 넘기는 것이 통과의 전제조건이 되었기 때문이었는데 이 두 선거의 투표율을 고려할 때, 전체적인 찬성률은 각각 32.9%(스), 32.5%(웨)에 불과했다.

출처: http://en.wikipedia.org/wiki/Referendums_in_the_United_Kingdom

이다. 따라서 영국에서의 국민투표는 권고적 의미를 띠고 있다. 하지만 최근 지방 단위에서의 국민투표는 계속 늘어나고 있으며 권고적이라고 해도 의미 있는 다수가 지지 혹은 거부를 표현했거나 국민투표의 결과가 널리 공표되는 경우에 그 결과는 정치적 영향력을 갖게 된다. 1997년 이전에는 국민투표를 관할하는 특정한 기관이 없었지만 이후에는 전국적인 선거관리위원회에서 관리한다.

이와 같은 주요 국민투표 이외에도 주민투표라 불릴 수 있는 소규모 지방 단위의 국민투표들이 현 노동당 정부 이후 지속적으로 실시됐다. 1997년 정부는 『지방민주주의와 지역공동체 리더십』(Local Democracy and Community Leadership)이라는 보고서를 통해 국민투표를 포함한 다양한 방식의 국민 참여 제도를 제안했다. 2000년 지방정부법에 의해 인구 8만 5천 명이 넘는 지역은 지방행정의 구조를 스스로 결정할 수 있는데 그 중 하나가 직선제 시장직을 채택하는 것이다. 이 제도를 선택하기 위해서 국민투표가 의무화됐는데 이 사안에 대해 전국적으로 총 35회의 지방 국민투표가 열렸으며 이중 12번이 찬성으로, 23번이 반대로 나왔다. 투표율은 최저 10%에서 최고 64%까지 다양했다.

주민투표 요건

1972년 지방정부법(Local Government Act 1972)에 의하면 법적 구속력이 없는 주민투표는 어떤 주제에 대해서도 제한 없이 매우 소수의 요구에 의해서도 열릴 수 있다. 즉 여섯 명 이상의 지방 유권자가 회합을 요구하고 열 명의 참석자나 혹은 참석자가 그보다 적은 경우 3분의 2의 참석자가 찬성하면 카운슬은 14일에서 25일 이내에 주민투표를 개최해야 한다.

당내 민주주의 지표: 당수와 의원후보의 선출

한 나라의 민주주의의 질적 수준은 그 나라 정당의 민주주의를 살피면 알 수 있다. 당내 민주주의의 핵심은 당 내부의 선거와 관련이 있다. 정당의 지도자나 공직 후보가 어떻게 선출되는가의 문제는 한 정당이 민주주의 사회에서 정당으로서 존립할 수 있는 정당성을 갖춘 것인지, 또 어떤 정책을 만들어낼 것인지에 관한 중대한 사안이다. 여기서는 그중에서 가장 중요한 정당의 당수, 곧 총리후보의 선출과 하원의원후보의 선출 방식을 살펴보기로 하겠다.

1. 영국 양대 정당의 당수선거

영국이 근대 민주주의의 고향이라는 평가와 어울리지 않게 비교적 최근까지 양당의 당수는 비민주적인 방식으로 선출돼 왔다. 노동당의 경우에는 1981년까지 당 소속 의원들의 선거로 당수를 선출했다. 따라서 불과 수백 명의 의원들이 총리후보를 선출했다. 의회중심제라는 제도적 특징이 이런 선출 방식을 유지시켰다. 하지만 1981년 선거패배 이후 노동당은 노동당 의원, 노동조합원, 지구당원의 비중을 3:4:3으로 하는 선거인단 시스템을 도입해 당수 선출에 대한 포괄성을 확대했다. 그러나 의원의 비중이 컸고 노동조합의 투표도 승자독식의 블록투표(plurality-at-large voting)라는 문제점이 있었다.

이 제도는 1993년에 다시 변모했는데, 4차례에 걸친 연속된 선거패배를 딛고 노동당이 집권하는 데는 이 새로운 제도의 역할이 컸다. 새로운 제도는 노동조합원들의 투표에 1인1표제(OMOV: one man, one vote system)를 수립한 것으로서 노조 지도자들의 영향력을 배제한 것이다. 물론 선거인단제도가 남아있는 간선제였지만 노조 지도부의 영향력은 이후 확연하게 줄어들고 새로운 당의 노선을 택한 블레어가 당수로 선출되는 데 공헌했다. 1994년 당수 선거에서 블레어는 노동당 의원의 60%, 조합원의 52%(전체 80만 표), 지구당원의 58%(전체 17만 5천 표)를 얻어 선거인단의 57%를 차지했다.

보수당은 이른바 매직서클이라는 당내 소수 지도자들에 의해서 당수가 선출됐다. 이런 밀실 선출은 1965년에 이르러서야 선거제로 바뀔 수 있었다. 이 제도에 의해 원내 의원들 표의 50% 이상을 얻고 차점자보다 15% 이상의 득표를 한 후보가 당수로 선출됐다. 만약 그런 후보가 없다면 2차 투표에서 50% 이상을 얻은 후보가 당선되었고, 2차 투표에도 결정되지 못한다면 최고 득표자 3인에 대해 선호도를 밝히는 대안투표제를 사용한 3차 투표에서 당선자를 골랐다. 이 제도는 1997년 총선 패배 이후 문제로 지적됐다. 총선 결과 의원수가 165명으로 급감했기 때문이었다. 뿐만 아니라 당수선거에서 여론

블록투표
n명을 선출하기 위해 유권자 1인이 최대 n표를 갖는 투표를 의미하지만 영국 노동당 같은 당내 선거의 경우 상대적 다수에 의해 선출된 후보가 그 블록의 전체 표를 얻는 승자독식의 방식을 의미한다.

조사에서 앞서가던 클라크(Kenneth Clark)가 아니라 의원들이 선호하는 헤이그(William Hague)가 당수로 선출되었기 때문이었다. 이에 대한 불만으로 1998년 새 선출 방식이 도입돼 헤이그 당수의 사임 이후에 처음 사용됐다. 이때 만들어진 현행제도는 2단계로 진행되는데 한 차례의 선거에서 집단별로 투표권 비율을 나누는 노동당에 비해, 보수당은 1차적으로 의원 선거에서 당수 후보를 2인으로 압축한다. 이를 통해 아웃사이더의 등장을 효율적으로 통제하게 된다. 여기서 선출된 2인 중 한 명이 당비를 납부하는 일반 당원들이 참여하는 최종 선거에서 최종적인 승자가 된다. 2001년 선거에서 32만 명의 당원들이 참여했고 스미스(George Smith)가 61%를 얻어 당수로 선출됐다. 현 당수는 마흔 살의 젊은 정치인 데이비드 캐머런(David Cameron)인데 2005년 당수 선거에서 의원 투표에서는 2등을 했지만 당원 투표에서 차점자의 두 배가 넘는 압도적인 지지를 받아 당선됐다.

2. 양당의 하원의원후보 선출

하원 후보자는 기본적으로 당원과 정당 조직에 의해 선출된다. 양당은 비슷한 과정을 거치지만 노동당이 보수당보다는 상대적으로 중앙당의 권한이 강하다.

보수당의 경우는 중앙당의 사무국이 각 지역의 예비 후보자 명단을 작성해 지역구 협의회(constituency association)라 불리는 지역구 조직에 내려 보낸다. 지역구 협의회에는 정당지부, 청년당원, 보수당 클럽, 여성위원회 등의 대표와 협회 직원으로 구성된 선정위원회가 구성되어 중앙당에서 내려온 명단을 평가하여 다시 3, 4명의 예비후보 명단을 작성한다. 이 명단은 지역구 협의회의 집행위원회 특별회의에 제출되는데 여기서 과반수를 얻은 지원자 1명을 선출한다. 이 지원자는 일반당원회의에서 추천되는 승인 절차를 밟은 후 후보자가 되는데 일반당원회의의 승인은 의례적인 형식이며 실질적 권한은 집행위원회가 갖는다고 할 수 있다.

노동당은 중앙당 조직이 작성한 예비후보 명단을 중앙집행위원회(NEC: National Executive Committee)가 심사한다. 예비후보의 명단은 지역으로 가서 다시 노조지부, 정당지부, 사회주의자 협회 등의 지명을 받은 후 지역구 노동당에 통보된다. 지역구 집행위원회는 4~6명으로 후보를 압축하여 지역구 노동당의 총괄관리위원회(GMC: General Management Committee)에 제출한다. 총괄관리위원회는 다시 선정위원회를 개최하여 과반수를 얻은 후보자를 후보로 선정하는데 최종 승인은 중앙집행위원회에서 내린다.

요약하자면 일반당원이 선출하는 것이 아니라 지구당과 중앙당의 당직자들이 실제로 선출권을 갖고 있는데 지방과 중앙을 오가는 분권화의 형태를 띠지만 궁극적으로는 과두제의 성격을 띤다. 그러나 지역구 대표들이 지역 당원의 의사에 반하여 후보를 선출하는 경우는 거의 없다. 중앙당도 지구당이 중앙당의 의사에 부합하는 인물을 선출하기 때문에 지구당의 의사를 무시하지 않는다. 중앙당은 대개 지구당에 후보자의 특성과 기피해야 할 후보자를 지목하는 정도의 조언을 하는 데 그치고 있다.

7장

워털루에서 대륙으로: 영국과 유럽연합

김형기

프롤로그: 워털루 역에 대한 단상

1994년 5월 세계의 이목은 프랑스 해변도시 칼레에 집중됐다. 영국여왕 엘리자베스 2세와 프랑스 미테랑 대통령이 사상 최초로 영국과 유럽대륙을 잇는 해협터널(Channel Tunnel)을 공식 개통했기 때문이다. 터널은 발달된 레이저토목기술로 도버와 칼레에서 각각 출발해 도버해협 지하에서 연결됐다. 총 길이는 50km. 그중 39km가 해협 밑을 통과하며, 평균깊이는 45m다. 이로써 섬나라 영국은 선박이나 항공기가 아닌 육상수단으로 대륙과의 교류가 가능해졌다.

같은 해 11월 런던을 출발해 프랑스 파리와 벨기에의 브뤼셀을 왕복하는 고속전철 유로스타(Eurostar) 서비스가 3개국 합작으로 시작됐다. 현재 유로스타는 런던에서 파리 북역까지 2시간 35분, 브뤼셀 중앙역까지 2시간 15분에 주파한다. 개통 이후 10여 년간 7천만 명의 승객이 이용했으며, 항공을 합한 교통점유율은 런던-파리 노선이 69%, 런던-브뤼셀이 62%에 달한다.[1]

재미있는 사실은 영국이 유로스타의 터미널을 워털루(Waterloo) 역으로 정했다는 것. 워털루는 영국에게는 영광의 이름이지만 프랑스에겐 쓸쓸한 과거

웰링턴 공작(1769~1852)

본명 아서 웨슬리. 전쟁 후 정치에도 성공적이어서 두 번의 총리를 역임했다. 그의 집무실은 하이드파크 코너에 홀로 서있는 런던 1번지, 현재 웰링턴박물관이다. 그의 이름을 딴 수많은 단체, 도시가 있다.

의 상처다. 엘바에서 탈출해 재기를 노린 나폴레옹은 결국 영국 **웰링턴 공작**(Duke of Wellington)이 이끄는 연합군에 의해 벨기에 남부 워털루에서 마지막 전투(1815년 6월 18일)를 치르게 된다. 전승 이후 영국인들은 곳곳에 워털루라는 이름을 붙였다. 영화《애수》(1940)의 배경인 워털루 다리와 워털루 역역시 그런 곳이다. 넬슨 제독(Admiral Horatio Nelson)이 포획한 프랑스 대포를 녹여서 트라팔가 광장의 사자상을 만들었듯이 워털루라는 이름 역시 영국의 승리, 영국의 영광을 뽐내는 자랑이다.

대륙을 향한 육상출구, 대륙으로부터의 관문이 워털루라는 사실은 대륙의 강국이면서 유럽통합의 주도적인 국가 중 하나인 프랑스로서는 당혹스런 일이다. 실제로 1998년 프랑스의 정치가 롱그뻬(Florent Longuepée)는 토니 블레어 영국총리에게 "양국의 협조와 협력의 상징인 해협터널을 통과한 뒤 워털루 역을 보게 될 프랑스인들은 당혹감을 갖게 될 것이며, 유럽통합의 시기에 영국은 이 역에 다른 이름을 부여해야 한다" [2]는 공개서한을 보내기도 했다.

블레어 총리는 요청을 무시했다. 이미 그는 유럽연합 **순환의장국**이 되었던 1997년, 화려한 의장취임식을 워털루에서 치렀다. 심지어 두 번째 순환의장국이 되었던 2005년의 취임식장도 워털루였다. 이렇게 보면, 두 번의 취임식장 선정은 다분히 의도적이었던 셈이다.

워털루 역을 둘러싼 영국인들의 태도는 2차 세계대전 이후 유럽에서 차곡

차곡 진행되어온 오랜 통합의 과정에 대한 영국의 자세와 꼭 닮았다. 경쟁국 프랑스와 모든 통합의 국면에서 대립각을 세웠던 것이 그렇고, 통합의 중심에 서서 온전히 협력하는 것도 아니고 그렇다고 발을 빼버린 것도 아닌 어정쩡한 태도도 그렇다. 나폴레옹이 주변국들을 공격하여 거대한 유럽제국을 건설하려 했듯이 프랑스의 주도로 거대한 유럽연방이 건설되는 데 대한 두려움도 있다. 그래서 유럽회의

순환의장국
유럽연합의 각료이사회 의장은 회원국이 6개월씩 돌아가며 맡는다. 연합정상회의의 의장도 같은 순서.

영연방
영국과 과거 영국의 식민지였던 53개 국가로 구성된 국제기구. 여왕을 수장으로 하는 느슨한 결합체이지만 영국과의 돈독한 관계를 유지하고 있다.

주의자(euroskeptics), 유럽공포증(europhobics)이라는 신조어도 만들었다. 어쩌면 가장 큰 이유는 과거 세계 최강의 국력으로 가장 넓은 영토(식민지)를 보유했으며, 아직도 미국과 어깨를 나란히 하고 영연방(Commonwealth of Nations) 53개국의 정신적인 지주로 남아있는 세계강국의 위치에 서있다는 영국의 자존심 때문일지 모른다.

빅토리아 시대 이후 이어진 전통적인 고립주의와 해양강국으로서의 이미

유로스타 국제터미널이 있는 워털루 역. 서울역처럼 고색창연한 입구와 현대식 내부구조로 돼있다.

지 때문에 영국은 유럽통합의 초기부터 주도적으로 그 과정에 참여하지 않았다. 대신 유럽의 일개 국가로 협력하는 길보다는 초강대국 미국과의 협력 속에서 유럽을 관장하는 역할을 기대했다. 그러나 유럽을 벗어난 영국이 고립 속에서 과거의 영광을 되돌리는 것은 불가능한 일이었다. 비록 바다로 분리되어 있지만 영국은 분명히 지리·역사·문화를 공유하는 유럽국가 중 하나다. 대륙에서는 유럽공동체가 빠르지는 않지만 차곡차곡 발전되었고 그에 따른 경제적 결실을 토대로 정치적 협력도 심화되기 시작했다. 어쩔 수 없이 영국도 뒤늦게 통합의 대열에 참여했지만, 어디로 가야할지 망설이고 있다. 앞으로 유럽통합에서 영국의 과제는 소모적인 자존심 대결보다는 넓은 이해와 장기적인 이익의 관점이 필요하다. 유럽은 영국이 필요하고, 영국은 유럽을 필요로 한다.

마스트리히트 조약 이전의 유럽통합과 영국

2차 세계대전이 종결된 이후 현재까지 유럽의 역사는 통합의 역사다. 이제 유럽연합(EU) 가입국은 과거 개별 국가의 주권 아래 이뤄졌던 많은 권한들을 유럽연합에 양도하고 유럽시민으로서 행동한다. 가입국의 시민은 이미 유명무실해진 국경을 제약 없이 통과할 수 있으며, 유럽연합 내 어떤 곳에서도 거주, 노동, 학업의 권리를 가진다. 화폐통합으로 어떤 상품도 유로화(euro) 한 가지로 거래할 수 있다. 유럽시민의 여권과 운전면허증에는 국명 '위'에 유럽연합의 일원이라는 문구가 명기되어 있다. 시민의 생활과 관련된 결정은 각국의 수도가 아니라 유럽연합의 실질적인 수도 브뤼셀이나 유럽의회가 있는 프랑

스의 스트라스부르에서 한다. 농산물에 대한 가격규정, 소비자보호조치의 기준, 승용차 배기가스, 심지어 잔디 깎는 소음조차 유럽차원에서 결정되고 있다. 유럽이 이러한 모습을 갖추는 데는 거의 50여 년의 통합과정이 필요했다.

한편 영국은 초기의 미온적인 태도에서 벗어나 1960년대 경제악화를 벗어나기 위한 방편으로 통합의 대열에 합류하려 했다. 그러나 두 차례의 거부로 결국 1973년에야 가입할 수 있었다. 가입 이후 영국은 유럽강국으로서 통합의 흐름을 크게 확대시키기는 했다. 그러나 주도적으로 통합과정에 나서기보다는 자국의 주권과 국익에 한 치의 양보도 없이 거대유럽의 등장을 견제해왔다. 이 장에서는 유럽통합의 과정과 그 과정에서 영국의 역할에 대해 살펴보자.

1. 통합의 시작과 영국의 견제

"인류에게 말할 수 없는 고통을 가져다준 전쟁의 재앙"(UN헌장 서문)으로 유럽대륙은 전쟁의 승패와 관계없이 잿더미가 되었다. 2차 세계대전의 참상 속에서 그동안 동일한 역사와 문화를 공유했던 유럽인들이 스스로를 반성하고 새롭게 통합된 유럽을 기대하는 것은 자연스런 결과다. 최초의 제안은 영국에서 나왔다. 영국총리 처칠(Winston Churchill)은 1946년 9월 19일 취리히 대학의 연설에서 전쟁으로 인한 적대감을 해소하고 개별 유럽국가가 동반자관계 속에서 하나의 공동체로 통합되는 '일종의 유럽합중국'(a kind of United States of Europe)을 제안했다.[3]

처칠(1874~1965)
영국 팔러먼트 광장에서 의회를 보고 있는 처칠동상

그러나 2차 세계대전 이후 유럽은 과거와는 판이한 여러 가지 도전을 받아들여야 했다. 우선은 전시체제를 평화체제로 전환하고 전후 피해를 복구하는 문제가 급박했다. 또 다른 도전은 새로운 세계질서의 등장이다. 전후 유럽강국들의 국력은 급격히 소진되기 시작했으며, 이제 세계는 초강대국 미국과 소련에 의한 양극체제로 변모하고 있었다. 독일의 분단과 동구권의 공산화는 냉전이라는 새로운 대치의 출발점이었다.

이에 따라 서유럽은 미국의 개입

을 용인하면서 전후재건과 소련봉쇄라는 두 가지 목표를 공유하게 되었다. 이 시기 미국의 대유럽 정책은 적극적인 유럽개입을 천명한 트루먼 독트린과 전후원조계획인 마샬플랜(Marshall Plan)으로 요약된다. 미국의 유럽정책과 조응하기 위한 협조체제도 서유럽 차원에서 만들어졌다. 마샬플랜의 원조를 효율적으로 나누기 위해 1948년 창설된 유럽경제협력기구(OEEC)와, 동구권을 군사적으로 견제하기 위한 북대서양조약기구(NATO)가 그것이다.

유럽경제협력기구

미국의 유럽복구계획인 마샬플랜(1948~1952)에 협력하기 위해 유럽 16개국이 창설한 기구. 60년대 말 기구확장으로 지금의 경제협력개발기구(OECD)가 됐다.

북대서양조약기구

공산권 견제를 위해 1949년 서유럽 국가와 미국, 캐나다에 의해 창설된 군사공동체. 공산권이 몰락하면서 확장하는 등 변화의 시기에 있다.

초정부기구

개별국가로부터 주권의 일부를 이양받아 결정할 수 있는 권한을 가진 기구. 전통적인 정부간 기구는 개별국가가 주권침해를 이유로 거부권을 행사할 수 있지만, 초정부기구는 반대해도 결정을 관철시킬 수 있다.

유럽인들에 의한 전후 최초의 공동체는 처칠의 연설에 고무된 10개의 유럽국가가 1949년 설립한 유럽평의회(Council of Europe)다. 영국을 비롯해 프랑스, 베네룩스 3국, 덴마크, 아일런드, 이탈리아, 노르웨이, 스위스가 참여했다. 그러나 유럽평의회의 운영은 순탄치 않았다. 연방주의와 연합주의의 대립 때문이다. 연방주의 진영은 초정부기구(supragovernmental organisation)에 주권의 일부를 부여하여 유럽통합에 박차를 가해야 한다는 주장이었다. 그러나 영국을 중심으로 한 연합주의 진영은 자국의 주권을 제한하지 않은 채 전통적인 정부 간(intergovernmental) 기구로 유지되길 바랐다.

유럽평의회의 부진과 미국주도의 유럽질서 재편에 가장 불만이었던 국가는 프랑스였다. 2차 대전으로 정치·경제적 피해가 가장 막심했던 프랑스는 전후 독일의 성장을 견제하면서 당대 산업의 근간인 석탄·철강을 통제해 전후복구를 유리하게 해야 할 필요를 느꼈다. 이에 따라 프랑스 외무장관 슈망

슈망(1886~1963)
프랑스 외무장관 시기 유럽연합의 시초인 석탄철강공동체를 제안했다. 그가 제안한 날을 기려 매년 5월 9일은 유럽의 날이다. 사진은 칼스프레이스 훈장을 받는 모습.

(Robert Schuman)과 경제계획처장 모네(Jean Monnet)는 서유럽의 석탄과 철강 자원을 모든 관련 국가들과 새로운 초국가적 정부가 공동으로 관리해야 한다고 주장했다. 전범국가로서 국제적 신뢰를 회복해야 할 서독으로서는 좋은 국제협력의 기회였다. 여기에 안정된 유럽을 지향했던 베네룩스 3국과 이탈리아가 참여해 유럽석탄철강공동체(ECSC: European Coal and Steel Community)가 탄생했다.[4] ECSC는 회원국으로부터 권한을 이양받아 1953년부터 석탄·철강·설철(屑鐵) 등의 공동시장[5] 형성을 시작하고 회원국의 석탄·철강에 초국가적인 부과금(유럽세)을 내게 했다.

애초 유럽평의회에 참여했던 영국과 북유럽 국가들은 ECSC에 여전히 무관심했다. 영국은 당파를 초월해 주권이양에 의한 초국가기구의 설립을 반대했으며, 프랑스가 주도하는 기구에 가입하는 것을 꺼려했다. 공상에 가까운 초국가적 유럽연방—유럽합중국—의 꿈보다는 OEEC와 같은 정부 간 협력체를 선호했다. 그리고 그 이면에는 대서양 건너의 미국과 전 세계에 산재한 영연방 국가에 대한 우선순위가 숨겨져 있었다.

정도는 달랐지만 초정부기구에 대한 불안은 ECSC 가입국도 마찬가지였다. 비록 ECSC에는 찬성했지만 익숙지 않았던 초정부기구의 운영은 시행착오와 논쟁의 연속이었다. 그러나 ECSC는 최초의 기능주의적 유럽통합의 시도였다. 회원국 간 경제협력으로 다른 분야의 상호신뢰도 증진됐다. 무엇보다 큰 의의는 전쟁으로 적대감이 최고조에 달했던 프랑스와 서독이 화해했다는 점이다.

정치·안보분야의 통합도 시도됐다. 파리조약 6개국은 1952년 유럽방위공동체(EDC: European Defense Community)를, 1953년에는 유럽정치공동체(EPC: European Political Community)를 합의한다. 그러나 프랑스의 비준실패로 두 개의 정치·안보공동체는 사장되고 말았다. 이에 대한 대안으로 1954년 10월 서유럽동맹(WEU: Western European Union) 협정이 체결됐으나, 단순한 정부 간 협력체에 불과했다.

유럽방위공동체의 실패로 정치·안보분야의 통합분위기는 침체되었다. 그러나 오히려 실패 덕분에 다른 분야의 통합분위기는 더욱 고조될 수 있었다. 이제 관심은 정치적 부담이 덜한 경제분야로 모아졌다. 이에 따라 1955년 6월 시실리의 메시나에 모인 6개 ECSC 외무장관들은 우선 경제분야에서 통합을 이루고 점차 기구와 범위를 확대해 궁극적으로 통일유럽을 건설하자는 선언에 합의했다. 이를 구체화하기 위해 벨기에 외무장관 스파아크(Paul-Henri Spaak)는 1956년 베니스 외무장관회의에서 경제공동체와 원자력공동체의 골격을 제시했다. 다음해 파리조약 6개국은 로마조약(Treaties of Rome)을 체결, 유럽원자력공동체(Euratom: European Atomic Energy Community)와 유럽경제공동체(EEC: European Economic Community)를 설립한다. EEC의 등장으로 협력의 범위는 석탄·철강으로부터 상품과 서비스, 자본, 인력의 자유이동, 관세동맹 등의 분야로 확대됐다. 1967년에는 ECSC, Euratom, EEC를 합병하여 유럽공동체(ECs: European Communities)를 설립하는 일명 통합조약(Merger Treaty)이

정치안보분야 통합
정치안보분야의 확대계기는 한국전쟁(1950~53) 때문이다. 미국은 소련의 팽창을 저지하기 위해 유럽의 역할을 기대했다. 관건은 서독 재무장. 어쩔 수 없이 프랑스는 EDC에 합의했지만, 2차 대전의 기억이 생생한 상황이라 국내비준에 실패했다. 이에 따라 서독 재무장은 WEU를 통해 이뤄진다.

유럽공동체의 명칭
유럽연합은 수십 년간 여러 조약이 합쳐진 기구라 비슷한 이름이 많아 혼동하기 쉽다. 한글로는 유럽공동체이지만 1967년 ECs는 세 개의 조약을 합친 것. 마스트리히트 조약 이후에는 EEC가 EC로 된다. 조약에 따른 명칭의 변화는 186쪽의 표에 정리돼 있다.

발효됐다.

1950년대 유럽대륙에서 진행된 역사적인 통합과정에서 영국은 방관자이거나 신뢰 못할 반대자였다. 그러한 경향은 이미 ECSC에 참여하는 대신에 느슨한 정부 간 협력체인 OEEC를 지원한 데서 나타났다. 심지어 프랑스가 유럽방위공동체(EDC)의 비준에 실패하고 대신 영국이 서유럽동맹(WEU)에 성공한 것은 서유럽통합에 대한 이든(Anthony Eden) 영국총리의 외교적 승리로 평가되기도 했다.[6] 그러나 짧고 작은 승리였다. 위기는 바로 찾아왔다. 영국은 1956년 수에즈 사태로 세계강국의 지위에서 물러나야 했으며, 경제는 지속적으로 하강곡선을 그리고 있었다. 결국 1957년 이든 총리는 사임하고 맥밀런(Harold Macmillan)이 그 뒤를 이었다.

영국은 유럽의 국가이지만 유럽의 '일개 국가'로 남기를 두려워했다. 1950년대 중반 영국의 정책은 그러한 두려움과 자존심의 결과였다. 이 시기 형성된 대유럽 정책은 이후 50여 년간 기본적으로 변하지 않은 채 유지됐기 때문에 중요하다. 그 특징은 ① 초국가적 기구 성립에 대한 반대, ② 미국과의 '특별한 관계' 및 영연방 국가들과의 '지도적 위치'를 통한 정치·경제적 연계 유지, ③ 범대서양 차원에서의 유럽안보문제 해결, ④ 달러에 버금가는 파운드화의 육성이다.

수에즈 사태

1955년 이집트 나세르 대통령이 수에즈를 국유화하자 수개월 뒤 영·불·이스라엘 연합군이 점령한 사건. 동맹국 미국의 강한 반대로 철수했으며, 이로써 영불은 중동에서의 영향력을 상실한다. 흔히 세계제국 영국에서 지역강국으로의 약화를 상징하는 예로 이용된다.

맥밀런(1894~1986)

그는 침착하고 재치 있었다. 1960년 유엔에서 발언 시 흐루쇼프 소련서기장이 책상을 두드리며 소리치자, "그가 뭔가 말하는 것이라면 번역 좀 해주지"라면서 좌중을 웃겼다. 그림은 그의 애칭 슈퍼맥을 그린 것, No. 10은 총리관저인 다우닝가 10번지를 의미한다. 그러나 그의 유럽정책은 성공적이지 않았다.

그림: Wikipedia.org

2. 뒤늦은 영국의 참여시도

맥밀런 총리 역시 기존의 보수당 정책을 승계했으며, 외교적으로 상당한 성과를 거뒀다. 수에즈 사태로 껄끄러웠던 영·미관계는 2차 대전부터 시작된 아이젠하워(Dwight D. Eisenhower) 대통령과의 우정으로 회복했으며, 신뢰는 케네디(John F. Kennedy) 대통령에게로 이어졌다. 1960년 '변화의 바람'(Wind of Change) 선언으로 영연방 국가와의 관계를 재정립하기도 했다. 경제재건도 서서히 진전되어 1959년 선거에서 대승을 거두기도 했다.

반면 유럽 정책은 난관의 연속이었다. 영국은 모들링 위원회(Maudling Committee)를 조직해 통합이 심화되던 로마조약 6개국을 포함한 폭넓은 자유무역지대를 제안했다. 그러나 이미 로마조약의 결속력은 단순한 자유무역지대를 뛰어넘고 있었다. 어쩔 수 없이 영국은 남은 서유럽 국가들과 느슨한 형태의 유럽자유무역연합(EFTA: European Free Trade Association)을 창설했다. 문제는 시간이 갈수록 영국의 무역은 EFTA보다 EEC와 긴밀해진 것. 이에 따라 맥밀런 총리는 우선 국내적으로 유럽공동체 가입을 위한 여론을 조성한 뒤 1961년 처음으로 EEC 가입을 신청했다.

통합을 주도해왔던 프랑스의 반응은 녹녹치 않았다. 1958년 드골(Charles de Gaulle)이 제5공화국의 대통령으로 다시 돌아왔기 때문이다. 재집권한 드골은 미·영에 의한 나토(NATO) 강화에 반대하고, 핵을 포함한 군사력 강화와 화폐개혁 등의 급진적인 경제개혁으로 독립된 강력한 프랑스를 건설하려

변화의 바람
1960년 남아공 케이프타운에서 한 연설. 이 연설로 영국령의 탈식민지화가 본격적으로 이뤄진다.

유럽자유무역연합
1960년 5월 3일 창설됐으며, 최초 회원국은 영국, 덴마크, 노르웨이, 스웨덴, 오스트리아, 스위스, 포르투갈. 1972년 이래 핵심 국들이 EEC로 흡수돼 스위스, 노르웨이 등 4개국만 남았다.

드골(1890~1970)

2차 대전의 망명정부 수장이었고 전후 임시정부 수장이었던 샤를 드골은 1958년 제5공화국 대통령이 되면서 본격적인 드골주의를 펼친다.

영국에 대해 두 번째로 거부하면서 했던 비난 연설이 유명하다. "영국은 미국의 막대한 힘, 소련의 성장, 유럽의 소생, 영연방의 독립 등 엄청난 세계의 변화를 인지하자 자국을 보호하고 다시 세계에서 지도적 위치를 차지하려는 것이다."

공동농업정책

독일이 공동시장으로부터 지나친 이익을 얻을 것에 대한 보상으로 드골이 설치한 제도. 보조금, 농산물 가격의 보조 등이 주요 내용. 현재까지도 프랑스가 가장 큰 수혜자로 농업 비율이 낮은 영국과 마찰을 빚고 있다.

했다. 유럽정책도 마찬가지로 유럽건설에 비유럽적인 색채가 침범하는 것을 우려하면서 프랑스 중심의 유럽통합을 추진했다.

이러한 상황에서 영국의 EEC 가입은 드골로서는 받아들이기 어려운 제안이었다. 드골은 영국이 "공동체 형성 초기에 참여를 거부하고 공동시장의 창출을 방해했으면서 이제야 조건적인 가입신청을 하고 있다"면서 거부권[7]을 행사했다. 대신 기존의 EEC를 통해 국익을 실현하고 결속을 증진시키는 방법을 택했다. 자국 농업의 보호를 위해 도입된 공동농업정책(CAP: Common Agriculture Policy)[8]과 독일과의 관계개선이 그것이다. 특히 1963년 1월 불·독 우호조약의 체결로 프랑스·서독을 중심축으로 하는 유럽통합은 더욱 진전될 수 있었다. 영국의 두 번째 가입신청은 1967년 노동당의 윌슨(Harold Wilson) 총리에 의해서다. 이번 제안도 드골에 의해 거부된다.[9] 결국 영국의 EEC 가입은 드골이 사임한 뒤에야 받아들여졌다.

이미 ECSC 창설 때부터 영국의 참여를 주장했던 히스(Edward Heath)는 1970년 총리가 되자마자 가입협상의 재개에 총력을 기울였다. 히스 총리는 세 번째 가입신청마저 거부되는 것을 막기 위해 국내의 반발여론을 무마하는 한편, 두 번이나 거부했던 프

랑스의 반감을 최대한 억제하는 데 총력을 기울였
다. 심지어 프랑스의 자존심을 건드리지 않기 위해
1971년 5월에는 영·불간 문화교류증진을 약속하
면서 EEC의 실무언어를 불어로 존속시키겠다는 약
속도 했다.[10] 새로운 프랑스 대통령 퐁피두(Georges
Pompidou) 역시 영국의 가입을 달가워하지 않았다.
그러나 영국가입을 통해 재정을 충원할 수 있으며,
서독에 대한 세력균형의 카드로도 쓸 수 있다는 계
산을 했다. 결국 영국은 1973년 덴마크, 아일런드와
함께 정식으로 가입했다. 이미 1967년 통합조약으

히스(1916~2005)
국내정치의 안정에는 어려움을
겪었지만, 최초로 영국을 유럽통
합의 무대로 올렸다는 점에서
의의가 있다.

로 EEC가 유럽공동체(EC)로 심화된 지 6년째 되는 해다. 이제 EC는 불·독 중
심에서 영·불·독이라는 새로운 차원의 정치게임이 시작된다.

가입 이후 영국이 당면한 첫 번째 문제는 국내적인 반발이었다.[11] 상당수의
영국 대중과 정치가들은 '유럽이라는 초강국'의 탄생을 기대하는 유럽옹호자
의 사상을 공유하지 않았다. 영국정부가 EC에 가입함으로써 EC의 초국가적
구조를 받아들이기는 했지만 매우 수동적이었다. 더욱이 뒤늦게 참여한 까닭
에 EC의 기존 정책과 규제의 형성에 전혀 참여하지 못했던 상황이었다. 당장
의 가입에 따른 대가도 문제였다. 영국은 비EC국가들(특히 영연방 국가)과 상당
한 정도의 무역관계를 갖고 있었는데 이러한 상황에서 EC에 대한 분담금은 영
국의 입장에서 매우 높은 것이었다. 또한 산업혁명의 선도국답게 농업분야의
비중이 크지 않아 다른 EC국가들처럼 공동농업정책(CAP)의 혜택도 받지 못했
다. 결국 EC 가입은 1974년 총선거에서 중대한 이슈가 되었으며, 정권은 노동
당으로 넘어가고 말았다. 새로 집권한 노동당은 1975년 6월 EC 잔류문제를 국

불만의 겨울
병원 파업으로 군대가 동원된 모습
(1979년 1월)
사진: en.wikipedia.org

대처와 레이건
대처리즘과 레이거노믹스라는 신자유주의정책의 거두
들이다. 1986년 캠프 데이비드.
사진: en.wikipedia.org

민투표에 회부했다. 64%가 투표해
67%가 잔류에 동의했다.[12]

그러나 EC 가입으로도 영국의 고
질적인 '영국병' 은 치유되지 않았다.
기본 증세는 노조의 지나친 집단이익
추구와 이에 따른 경기침체와 실업률
증가였다. 증세가 최고조에 달한 것
은 1978~79년 '불만의 겨울' (Winter
of Discontent). 1978년부터 계속된 혹
한 속에서 실업률은 최고조에 달하
고, 지방자치단체, 병원, 청소 등 공
공산업의 연대파업으로 도시가 마비
되고 말았다. 결국 캘러헌(James
Callaghan) 노동당 정부는 퇴진하고 대
처(Margaret Thatcher) 정부가 들어섰

다. 대처는 영국병의 주원인인 노사관계를 과감하게 개혁하고 경쟁력 없는 공공부문과 사양산업을 정리했다. 과격했지만 성공적인 노동·산업정책으로 영국경제는 대처가 물러난 뒤인 1990년대 중반부터 새롭게 도약할 수 있었다.

외교분야에서 대처는 미국의 레이건(Ronald Reagan) 대통령과 긴밀한 유대를 맺으면서 영국의 세계적 지위 복귀에 힘썼다. 그러나 유럽통합에 대해서는 지나칠 만큼 단호한 태도를 보였다. EC가 더 이상 영국의 자율성과 주권을 침해해서는 안 된다는 것. 그 첫 번째 포문은 그간 부담이었던 영국의 분담금 문제다. 당시 영국의 1인당 국민총생산(GDP)은 9개 회원국 중 끝에서 세 번째. 그러나 EC 예산에 대한 분담금은 앞에서 두 번째였다. 오랜 설전 끝에 영국은 1984년 이후 현재까지 총분담금의 상당부분을 환급받고 있다.

한편 유럽은 1967년 EC로 통합하고, 1968년 회원국 간 관세철폐로 유럽공동시장의 기틀을 마련했으나 경제사정은 호전되지 않았다. 1971년 8월 달러화 위기에 따라 브레튼우즈체제(Bretton Woods system)가 붕괴하고, 1973년과 79년에 석유파동이 일어나자 사태는 더욱 악화됐다. 유럽의 '동맥경화'로 불렸던 경제침체와 국제경쟁력 저하는 80년대에 들어서면서도 마찬가지였다. 이에 따라 EC내 경제적 효율성을 침해하는 역내장벽을 제거하고 제도적 지위를 강화해야 할 필요성이 제기됐다. 그 결실이 1986년 초 EC의 포괄적인 개혁안을 담은 단일유럽의정서(SEA: Single European Act)다. 크게 두 가지 분야가 강화됐다. 첫째, 규제완화와 자유화 촉진을 위한 단일시장의 완성이다. 공동정책의 범위가 환경, 연구개발, 사회정책, 소비자보호, 경제·통화정책, 지역개발 분야까지 확대되고, 경쟁분야의 공동정책이 보다 심화됐다. 이에 따라 정부조달 등 독과점이 유지되던 분야에 경쟁체제를

브레튼우즈체제
1944년 7월 창설된 국제통화체제. 1971년 달러를 금으로 바꿀 수 있는 금태환이 정지되면서 붕괴했다.

1심재판소

ECSC 때 창설된 사법재판소의 업무폭주를 막고 원활한 재판진행을 위해 설치. 이에 따라 유럽재판소는 2심제가 된다.

들로아(1925~)

프랑스 정치가였던 들로아는 두 번이나 유럽집행위원장(1985-95)을 지냈다. 단일유럽시장의 주도적 인물.

도입하고 국내기업에 대한 보조금 지급을 규제하며 회원국 생산제품에 대한 공통표준을 도입하는 등의 공동정책이 적용됐다. 둘째, 제도적 유연성의 강화다. 일부분야에서 다수결원칙이 도입됐으며, 유럽의회의 권한을 강화시켰다. 유럽정상회담과 유럽정치협력(EPC: European Political Cooperation)이 제도화됐으며, 1심사법재판소의 설치를 명시했다.

대처 총리는 처음에는 SEA 계획에 찬성했다. 자유로운 단일시장이 형성됨으로써 규제가 철폐되고 정부의 간섭도 줄어들 것이라고 믿었기 때문이다. 그러나 SEA를 주도했던 들로아(Jacques Delors) EC집행위원장은 SEA를 통해 유럽통합의 박차를 가할 수 있는 계기로 삼고자 했다. 특히 자유무역지대나 단일시장은 유럽의 다양한 경제상황을 더욱 조화롭게 할 것이라는 전제 아래 그 범위도 단일 중앙은행의 창설에 의한 통화통합까지 이어져야 한다고 주장했다. 그의 계획은 장기적으로 단일통화에 의한 유럽통화동맹(EMU)을 결성하되 그 중간단계로 환율조절장치(ERM: exchange rate mechanism)를 설립하는 것이었다. 다른 유럽의 지도자들도 들로아와 같았다. 그러나 SEA가 구체화되자 대처 총리는 격렬히 항의했으며, 중앙은행 창설에 대해서도 신랄하게 비난했다.

들로아 집행위원장은 1988년 한 걸음 더 나아가 1992년까지 단순한 단일시장을 형성하는 것을 뛰어넘어 모든 공동체 시민들이 혜택 받을 수 있도록 유럽공동체를 확대해야 한다고 주장했다. 대처는 이에 대해서도 EC가 유럽통합을 통해 사회주의를 확산시키려 한다고 비난했다.

대처의 대안 없는 유럽에 대한 혐오는 시끄럽기만 하다는 뜻의 '확성기외교'(megaphone diplomacy)[13]로 비난받았다. 더욱이 1989년부터 본격화된 경기후퇴와 지방정부 개혁을 위한 소위 인두세(poll tax) 부과로 보수당의 대중적 지지는 크게 하락했다. 그러나 결정적인 실각의 빌미는 그녀의 유럽정책에 대한 보수당 내부의 반발로부터 나왔다. 대처 정부의 최장수 각료로 재무장관, 외무장관, 부총리를 거치면서 가장 큰 신임을 받았던 하우(Geoffrey Howe)가 그 장본인. 하우는 대처가 유럽통화체제(EMS)에 대한 지지를 거부하자 1990년 11월 사임한 뒤 하원에서 그녀를 비난했고, 결국 3주 뒤 대처를 사임시켰다. 대처의 사임과정은 현대 영국 보수당의 가장 드라마틱한 권력교체 장면으로 평가된다.

환율조절장치

단일통화로 이행하기 이전에 각국 통화를 ECU(유로화 출범 전 이름)에 연동시키는 제도. 영국은 메이저 총리에 의해 1990년 참여했으나 고금리정책과 불황으로 파운드화가 인하되고 조지 소로스의 환투기 공격까지 겹쳐 1992년 철수한다.

인두세

봉건시대 소득수준과 관계없이 사람 숫자에 따라 일괄적으로 부과하던 악명 높은 세금. 대처는 경제부흥을 위해 도입하려 했으나 결국 실각의 원인 중 하나를 제공했다.

베를린 장벽

2차 대전 종결 직후 독일 분단으로 수도였던 베를린 역시 도시 한가운데가 동서로 갈렸다. 그러나 동독 주민들의 목숨을 건 탈주가 지속되자 1961년 8월 소련 흐루쇼프의 지시로 베를린 장벽이 설치됐다.

3. 유럽연합의 탄생

1989년의 유럽은 격변의 출발점이자 중심이었다. 폴란드를 필두로 동유럽 공산정권이 차례로 몰락했고, 동서분단의 상징이었던 베를린 장벽이 무너졌다. 발틱 3국에서는 200만 명의 주민들이 손에 손을 맞잡고 600km에 달하는 인간사슬을 만들어 자유를 외치기도 했다. 결국 같은 해 12월 지중해의 섬 말타에서 회동한 미국의 부시(George Bush) 대통령과 소련의 고르바초프(Mikhail

Gorbachov) 대통령은 '냉전의 종식'을 공식적으로 선언한다. 클라이맥스는 1990년 독일의 통일과 1991년 소련의 붕괴였다.

변화의 현장에서 유럽이 당면한 문제는 막중한 것이었다. 통일로 독일은 더욱 강력한 유럽공동체의 일원으로 부활했고, 소비에트연방의 해체로 동부 유럽 국가들에 대한 서유럽의 책임이 증가됐다. 유고슬라비아의 민족갈등은 더욱 첨예화되고 있었고, 유럽 밖에서는 이라크가 쿠웨이트를 침공하면서 걸프전쟁이 시작됐다. 이러한 지역과 세계적인 위기를 맞아 유럽공동체(EC)가 단순히 서유럽중심의 경제공동체로 머물 수는 없었다. 유럽의 미래를 미국과 같은 강대국이 아니라 유럽이 주도해야 한다는 정치적 인식이 확산됐으며, 이를 위해 유럽 대외정책의 수렴 및 일관성 확보를 통해 대외적 위상을 높여야 한다는 공감대를 이뤘다. 1990년 4월 독일과 프랑스의 정상(콜과 미테랑)은 공동선언을 통해 ① 유럽통합의 민주적 합법성 강화 및 효율성 제고 ② 경제, 금융, 정치적인 결속 강화, ③ 공동외교, 안보정책의 추진 등 통합목표를 천명하고 1993년 1월까지 단일시장, 경제·금융통합 및 정치통합을 달성할 것을 희망했다.

유럽연합조약

핵심내용 ① 유럽중앙은행의 설립을 포함, 경제·통화동맹으로 진전, ② 망명과 이민, 국제범죄, 마약, 테러리즘 등에 대한 정부 간 협력강화, ③ 정부간기구로서 공동의 외교안보정책기구 설립, ④ EC 예산통제 강화, ⑤ 제도개혁: 유럽의회 권한 강화, 각료이사회 가중다수제 도입, ⑥ 보조성의 원칙, ⑦ EU시민권 개념 도입.

곧바로 다음해 12개의 EC 회원국들은 네덜란드의 마스트리히트(Maastricht)에서 유럽연합조약(Treaty on European Union, 보통 마스트리히트 조약)안을 작성하고 1992년 7월 정식 서명했다. 유럽연합조약의 특징은 기존의 파리조약(ECSC), 로마조약(EEC)과 단일유럽의정서(SEA)를 하나로 묶고 새로운 기능을 추가한 것이다. 흔히 세 개의 기둥이 받들고 있는 그리스 신전으로 묘사된다. 첫째 기둥은 초국가적

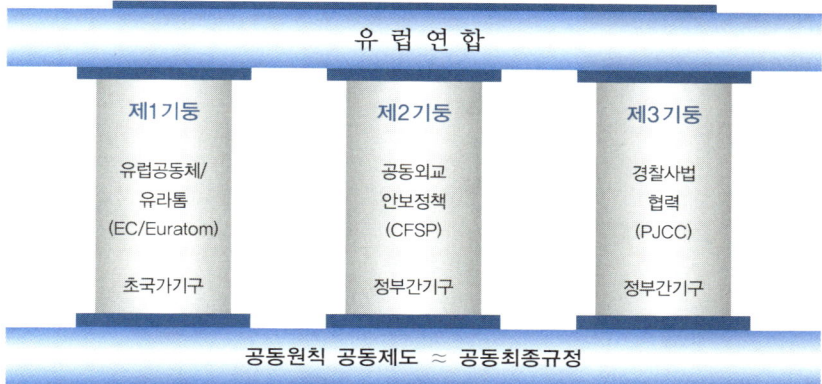

유럽연합의 3대 기둥(현재)

유 럽 연 합		
제1기둥	**제2기둥**	**제3기둥**
유럽공동체/ 유라톰 (EC/Euratom)	공동외교 안보정책 (CFSP)	경찰사법 협력 (PJCC)
초국가기구	정부간기구	정부간기구
공동원칙 공동제도 ≈ 공동최종규정		

기구로 더욱 강화된 유럽공동체(EC)에 해당한다. 둘째 기둥은 공동의 외교안보, 셋째는 내무/사법기능이다.

　그러나 조약비준단계에서 회원국들의 주권문제에 기반을 둔 EU통합에 대한 갈등이 재현되었다. 공동의 통화, 금융정책의 수립이나 외교·안보정책의 추진은 개별 국가가 가진 주권의 중요한 구성요소를 포기하라는 것이다. 이 때문에 회원국은 자국의 이해관계에 따라 다른 입장을 보였다. 강력한 유럽연방을 기대했던 베네룩스 3국과 이탈리아는 금융과 외교분야 모두 환영했다. 프랑스는 마르크화를 견제하기 위해 유럽통화동맹(EMU) 추진에 적극적이었지만 정치분야에서는 소극적이었다. 이와 반대로 독일은 자국의 마르크화를 단일통화로 대체하는 데 조심스러울 수밖에 없었으나, 유럽정치공동체(EPU)의 도입과 유럽의회의 권한강화를 지지했다.[14]

　전통적으로 반연방주의적인 영국과 그를 따랐던

유럽통화동맹

유럽통화제도(EMS)의 발전된 형태. 마스트리히트 조약으로 구속력 있는 규범으로 편입됐다. 1단계 자본이동의 자유화, 2단계 유럽통화기구 창설, 3단계 중앙은행의 단일통화정책.

브뤼셀 유럽의회의 내부

덴마크의 비준과정은 더욱 어려웠다. 덴마크는 유럽통화동맹과 자국 통화정책 포기에 대한 우려 등으로 1992년 6월 국민투표에서 비준이 부결되었다. 덴마크의 비준실패가 다른 국가들의 비준과정에 영향을 줄 것을 우려한 회원국들은 1992년 12월 에딘버러 정상회담에서 EU정책의 보조성의 원칙(subsidiarity principle)을 강조하고, 덴마크에 4개 분야(EMU 제3단계, 공동방위, 유럽시민권, 내무사법협력)에서의 예외(opt-out)를 허용했다. 이에 따라 덴마크는 1993년 5월 다시 국민투표를 실시해 마스트리히트 조약을 비준했다.

보조성의 원칙

공동체에 독점적 권한이 부여된 분야는 공동체 차원의 정책결정을 하되 그렇지 않은 분야의 경우 개별국 차원에서 스스로 처리해야 한다는 것. EU로의 주권 이양에 대한 개별 국가의 두려움 때문에 조약에 명시했다.

한편 EC에 반대했던 대처 총리가 실각함에 따라 새로 등장한 메이저(John Major) 총리에게 새로운 영국·EC관계 정립에 대한 기대가 집중됐다. 그러나 영국 국내와 유럽의 상황은 녹녹치 않았다. 국내적으로 메이저는 1992년 총선거로 집권에는 성공했으나 지지율은 높지 않았다. 보수당은 유럽에 대한 입장으로 서로 갈려 있었지만 안심하지 못할 지지율 때문에 당내 유럽회의론자들을 무시할 수 없었다. 게다가 파운드화의 위기[15]로 경제상황은 악화되고 있었다. 유럽과의 관계도 원만치 못했다. 대처의 신랄한 독설을 견뎌야 했던 유럽의 주변국들은 아직도 영국의 움직임을 냉정한 시각으로 보고 있었다. 메이저는 보수당과 노동당을 포함한 유럽회의론자들[16]의 반발을 무마하고 영국의 주권을 최대한 보장하면서 불가피한 통합의 길을 진행해야 하는 어려움을 극복해야 했다. 우선 당면한 문제는 마스트리히트 조약의 비준인데, 메이저는 국내에서 문제될 의제를 들고 주변국과 외교협상을 통해 해결하는 방법을 택했다.

영국의 EU창설조약에 대한 논의는 우선 명칭문제부터 시작됐다. 메이저 총리는 '연방'(federal)이라는 단어사용에 대해 강하게 항의했으며, 심지어 연합(union)[17]이라는 명칭에도 불만을 나타냈다. 굳이 과거부터 사용해온 유럽공동체(EC)라는 표현이 있는데 새로 유럽연합(EU)이라는 명칭을 사용할 필요가 있냐는 것. 브뤼셀에 행정이 집중된 유럽연방(federal Europe)이라는 초강대국이 탄생한다면 개별 회원국의 주권은 제한될 것이 분명하다는 것이 영국정부의 생각이었다. 따라서 연방이라는 단어가 조약에 명기될 경우 비준이 어려울 것으로 예상, 메이저 총리의 요청에 따라 마

연방과 연합

연방제는 강력한 중앙정부/의회를 보유하고 지방정부보다 우위에 서서 연방 전체의 정책을 집행한다. 반면 연합은 국가 간 협의체의 성격이 강하다. 연방은 미국이나 독일, 연합은 국제연합이 대표적 예. 국제법상 유럽연합은 연방과 연합의 중간정도의 위치에 있다.

주권이란 뜻의 영어 소버린 (sovereign)은 영국에서 여왕을 의미한다. 영국인들이 전통의 일부라고 생각하는 파운드화. 주권이 그려져 있다.

스트리히트 조약의 '연방' 문구는 모두 삭제됐다.

두 번째 장애는 유럽통화동맹. 마스트리히트 조약은 개별 회원국의 통화를 대체할 새로운 공동통화－유로화－를 개발하고 이를 관리할 유럽중앙은행을 설립하기로 했다. 대부분의 영국 보수당과 일부 노동당 의원들은 공동통화를 채택할 경우 이자율이 영국이 아닌 유럽수준에서 결정되어 경제에 대한 통제력을 상실한다고 판단했다. 유로화를 받아들이게 되면 더 이상 영국은 자국의 통화와 경제정책을 갖지 못하게 되어 국가라는 이름으로 불리기조차 힘들 것이라는 것이었다. 결국 영국의 유로화 채택은 현재까지 유보된 상태다.

세 번째 유보를 받은 분야는 이미 1989년 정상회담에서 합의했던 사회헌장 (Social Charter). 사회헌장은 EC내에서의 노동력의 자유로운 이동, 작업장의 위생과 안전, 남녀평등임금, 최저임금, 노동시간, 노동쟁의에의 참여 등을 보장하고 있다. 대부분의 보수당 하원의원과 영국 사업가들이 가장 격렬하게 반대한 분야. 메이저 총리는 이러한 사회보장은 불필요한 비용과 행정의무를 지게 해 결국 실업률을 증가시켜 보호하고자 하는 노동자를 오히려 압박하게 될 것이라면서 예외를 요구했다.

예외인정과 '연방' 용어 삭제에도 불구하고 영국 의회의 비준은 순탄치 않았다. 보수당 내에서는 대처 전 총리를 비롯한 많은 수의 강경반대가 있었고, 야당인 노동당에서는 사회헌장을 유보했다고 항의했다. 이에 메이저 총리는 자신에 대한 신임투표를 실시했다. 보수당내 반대파가 노동당의 편에 서서 자신을 불신임한다면 결국 의회가 해산되고 총선거를 치러야 할 것이다. 이미 보수당의 인기는 추락할 대로 추락한 상황이어서 총선을 치른다면 재집권할 가능성은 극히 낮았다. 그의 계산은 적중했다. 어쩔 수 없이 당내 반대파는 유로화(유럽통화동맹)로의 이행과 사회보장 분야에 대한 예외 적용을 조건으로 1993년 10월 비준을 용인했다. 결국 메이저는 신임투표에서 살아남았고 보수당내 반대파는 자체 해산한다. 그러나 무너진 권위는 다시 회복되지 않았고 보수당의 남은 날들은 이듬해 선거에서 노동당이 승리하기까지의 시간 끌기에 불과했다. 우여곡절 끝에 영국을 마지막으로 비준절차가 마무리되면서 1993년 11월 유럽연합이 탄생됐다.

유럽연합의 발전과 영국의 모호한 EU-턴[18]

1. 블레어 정부의 등장과 친유럽으로의 선회

마스트리히트 조약은 1648년 베스트팔렌조약 이후 획정된 근대국민국가의 경계를 무너뜨리고 유럽이라는 거대한 실체 아래 합쳐지는 실험이었다. 그러나 베를린장벽의 붕괴 이후 새롭게 재편되는 국제질서에서 개별적인 유럽강국이 아닌 유럽연합 차원의 정치력은 아직 미미할 수밖에 없었다. 특히 동유

베스트팔렌조약

근대 외교조약의 효시. 독일 30년전쟁을 종결시킨 조약으로 신·구교 간 전쟁이 국제전쟁으로 비화되어 결국 신성로마제국이 해체되고 근대국가가 형성된다.

보스니아 전쟁

세르비아 민족주의와 크로아티아 민족주의의 대결 양상을 띠다 이슬람교도인 보스니아인들이 이 틈새에 끼어 3파전이 된 전쟁. 유고슬라비아 전쟁은 구유고연방의 6개 공화국에서 벌어진 일련의 무력분쟁인 슬로베니아 전쟁(1991), 크로아티아 전쟁(1991~1995), 보스니아 전쟁(1992~1995), 코소보 전쟁(1999), 마케도니아 전쟁(2000)을 지칭하는데 그중 가장 참혹했던 전쟁이었다.

럽의 변화는 유럽연합에 있어 기회이기도 했지만 동시에 위기이기도 했다. 이념을 넘어 진정한 유럽만의 연합을 이룰 수 있는 계기가 제공되었다는 점에서는 기회였지만, 냉전으로 묶여있던 갈등이 본격적으로 표출되기 시작했다는 점에서는 위기다. 1990년대 중반 유럽연합의 역할과 능력의 한계를 절감케 한 기회와 위기는 바로 일어났다. 우선 동유럽과 구소련연방에서 독립한 국가들이 유럽연합에 가입신청을 함으로써 유럽통합의 범위를 확대시킬 계기를 만들었다. 그러나 '인종청소'라고 불릴 정도로 참혹했던 크로아티아 전쟁과 보스니아 전쟁은 새로 탄생한 유럽연합의 무력함을 재확인하는 계기가 됐다. 전쟁을 해결하고 평화를 유지시킨 것은 미국의 지원을 받은 북대서양조약기구(NATO)였기 때문이다. 유럽연합은 외교안보를 책임질 힘도 없었고 그것을 이행할 군사력도 가지고 있지 않았다.

경제상황도 만만치만은 않았다. 1980년대 유럽을 휩쓸었던 경기침체와 실업은 조금씩 호전되고 있었으나 변화된 세계는 새로운 경제질서를 요구하고 있었다. 1994년 출범한 세계무역기구(WTO)는 그 신호탄이었다. 도전은 유럽연합 내부로부터도 나왔다. 처음 로마조약(1957)의 체결로 EEC가 탄생했을 때의 열광에 비하면 마스트리히트 조약을 둘러싼 분위기는 매우 회의적이었다. 공동외교안보정책, 공동유럽통화, 유럽의회 등 조약 자체의 불완전과 더불어 정책결정과정에서 소외되었던 회원국 국민들의 불만도 쏟아져 나왔다. 이러한 도전에 따라 유럽연합은 암스테르담과 니스에서 두 개의 조약을 체결하면서 제도의 보완을 시도했다.

1997년 암스테르담 조약의 키워드는 '유연성'의 원칙이다. 유연성이란 회원국들이 따라올 수 있도록 타협하거나 그것도 여의치 않으면 아예 논쟁이 될 결정을 유보하는 방법. 급변하는 국제정세에 능동적으로 대처하면서 통합과정을 원만하게 이루기 위해서였다. 특히 마스트리히트 조약에 따른 유럽통화동맹이 계획대로 진행되는 것이 매우 중요했다. 암스테르담 조약에서 돋보이는 합의내용은 크게 다섯 가지.

① 영국의 합의로 사회헌장이 비로소 조약 본문에 삽입됐다. ② 성별, 인종, 종교, 연령에 대한 차별을 철폐하고 이동의 자유(쉥겐조약)가 보장됐다. ③ 공동외교안보정책을 제도적으로 구체화하고 이를 전담할 고위대표직을 설치했다. ④ 유럽이사회의 가중다수결제를 채택하고, 유럽사법재판소와 유럽의회의 역할을 증대시켰다. ⑤ EMU와 관련, 단일통화가 개시되면 적자예산을 규제하기로 했다.

암스테르담 조약에 이어 2001년 2월 니스 조약이 체결됐다. 1995년 오스트리아, 핀란드, 스웨덴의 가입으로 이미 네 차례의 확대과정을 거쳤지만, 동유럽과 지중해 국가의 대규모 신규가입을 준비하기 위해서는 제도개선이 필요했다. ① 우선 EU가 27개 회원국으로 확대될 것을 염두에 두고 집행위원 수를 20명에서 27명으로 늘리는 한편, 회원국당 집행위원을 1명씩으로 줄였다(영국, 프랑스, 독일, 이탈리아, 스페인은 2명의 위원을 두었음). 대신 각료이사회에서는 5개국의 입지를 강

쉥겐조약

1985년 프랑스, 독일, 베네룩스 3국이 합의한 조약으로 이 5개국을 여행하는 사람들에 대한 여권 검사를 폐지한다는 내용. 암스테르담 조약으로 세 번째 기둥이던 쉥겐조약은 첫 번째 기둥으로 이동했으며, EU 모든 회원국과 아이슬란드, 노르웨이, 스위스를 포함하는 것으로 확대됐다. 영국과 아일랜드는 현재까지 유보상태다.

화했다. ② EU집행위원장의 권한을 크게 강화했다. ③ 각료회의가 회원국별 가중투표제에 기초해 특별다수결로 결정할 수 있는 분야를 확대했는데, 특별 다수결에 따른 결정은 EU 총인구의 62% 찬성이라는 기준을 넘음과 동시에 회원국 과반수의 지지 또는 절대다수의 지지를 얻도록 했다. ④ 유럽의회의 권한을 강화하고 의원수를 증가시켰으며, ⑤ 유럽사법재판소와 1심재판소 간 역할분담 등을 조정했다.

한편 마스트리히트 조약에서 강력한 요구로 몇몇 조항을 유보한 뒤 서명했던 메이저 정부는 EU에 대한 부정적 태도를 누그러뜨리지 않았다. 계속된 경기 침체와 유럽통합 문제에 대한 당내 갈등으로 메이저에 대한 지지는 점차 떨어져갔다. 오랜 보수당의 장기집권에 대한 염증도 깊어졌다. 급기야 메이저 정부는 1997년 5월 총선거에서 기존 의석의 절반 이상을 잃는 참패를 당하고 만다. 18년 만에 정권은 노동당으로 교체됐다.

정기회기가 열리는 프랑스 스트라스부르의 유럽의회. 오른쪽 타워는 바벨탑을 형상화한 것.
사진: commons.wikimedia.org

블레어는 1994년 노동당 당수가 된 이래 젊은 소장파 의원들과 연계해 새로운 노동당 건설을 약속했다. 집권 이후 그는 한편으로는 노동조합과의 거리유지, 엄격한 예산집행, 물가안정, 사유화정책의 유지를 추구함으로써 보수당 정부의 정책을 계승하면서, 동시에 최저임금제도의 도입, 반경쟁·독과점 금지정책, 중소기업 육성정책 등 새로운 사회연대정책을 추구했다. 블레어의 '제3의 길'은 대외정책에서도 적용됐다. 보수당 집권시기 이어져 온 미국과의 '특별한 관계'를 포기하지 않으면서 훼손된 대EU관계를 복원하기 위한 노력도 멈추지 않았던 것이다. 유럽의 국가로서 통합에 참여하면서 미국과의 다리역할을 하겠다는 친유럽주의와 범대서양주의의 결합은 최소한 이라크 전쟁(2003) 이전까지는 큰 모순 없이 지속됐다.

집권초기 체결한 암스테르담 조약에서 영국의 'EU-턴'은 분명하게 나타났다. 이미 보수당 정부에서 거절되었던 사회헌장(Social Charter)을 부속의정서에서 조약 본문으로 옮기도록 했고 유럽평의회에서 제안된 제도개혁에 대해서도 호의적이었다. 가장 큰 걸림돌은 유럽연합의 '첫째 기둥'인 초국가기구와 관련된 분야였다. 통합의 축인 유럽통화동맹과 유로화 가입이 그것이다. 블레어 총리 스스로는 수차례에 걸쳐 EMU와 유로화에 긍정적인 자세를 보였고 적극적으로 추진하겠다고 했다. 그러나 국내의 강경한 반발을 무시하기는 어려웠다. 영국민들은 여전히 1990년 유럽의 환율조절체계(ERM)에 섣불리 가입했다가 경제위기를 경험한 기억을 잊지 않고 있었다. 파운드화에 대한 자부와 애착도 대단하다. 현재까지 영국은 덴마크, 스웨덴과 유로권(Euroland)에 가입하지 않은 상태다. 그러나 2002년 나머지 12개 회원국들이 자국의 통화를 철폐하고 유로로 대체한

사회헌장
마스트리히트 조약 부속의정서로 채택된 사회헌장은 노동자의 근로조건/고용과 사회보장/단체교섭권/경영참여권/노동자의 건강과 안전/장애자의 근로 등을 내용으로 한다.

뒤, 이제 유로화는 유럽중앙은행과 함께 명실상부한 유럽의 통화가 되고 있다. 이 때문에 영국이 유로권의 밖에 있음으로 해서 생기는 교역과 투자의 손실에 대한 우려는 여전히 지속되고 있다. 경제정책에 대한 주권이냐 대세를 따르는 이득이냐에 대한 고민은 영원히 풀리지 않을 숙제로 보인다.

2. EU 확장과 영국의 저의

1952년 6개의 국가가 석탄철강공동체(ECSC)로 출발한 이래 유럽연합은 내적으로 연합의 결속을 공고히 하면서 외적으로 가입국을 서서히 늘려나갔다. 첫 번째 확대는 오랜 논쟁과 정치적 계산 끝에 결정된 영국, 덴마크, 아일런드의 1973년 가입이다. 그 후 남부유럽의 그리스(1981년 가입), 포르투갈ㆍ스페인(1986년 가입)의 권위주의 정부가 몰락하고 민주화로 이행하자 유럽의 일원으로 받아들여졌다. 탈냉전 시대의 도래는 확대의 속도를 더욱 가속시켰다. 1990년에는 동독이 서독과 통일되면서 자연스럽게 연합의 일부가 됐다. 또한 미ㆍ소의 틈에서 중립을 표방하며 독자적 정책을 폈던 오스트리아, 핀란드, 스웨덴도 1995년 가입했다. 이로서 유럽연합(당시 EC)은 거의 서유럽 전체를 포괄하는 결합체가 될 수 있었다.

이때까지만 해도 신규가입에 따른 정치ㆍ경제적 문제는 어느 정도 있었지만 연합의 본질적 실체에 대한 문제제기는 없었다. 그러나 중ㆍ동유럽 국가들이 냉전 이후 신흥 민주주의 국가로 다시 태어나면서 상황은 바뀌었다. 지정학적 측면은 물론이고 문화ㆍ역사적으로도 이들 국가는 분명히 유럽이다. 그러나 동서로 분리되어 상반된 역사를 걸어왔던 중ㆍ동유럽 국가들이 가입요청을 하자 유럽연합은 긴장하지 않을 수 없었다. 요청국 대부분이 지난 50여 년간 사회주의체제를 운영해온 국가인 데다 기존의 EU 회원국과 상당한 경제 격차가 있기 때문이다.

이에 따라 연합은 신규회원국들의 정치·제도적 개선을 돕고 경제전환을 지원하는 한편, 암스테르담·니스 조약을 통해 EU의 운영체제를 정비했다. 신규회원이 되기 위한 기준은 1993년 6월 코펜하겐에서 열린 유럽평의회에서 결정됐다.

- 정치적 기준: 후보국들은 민주주의, 법치주의, 인권을 보장하고, 소수인종에 대한 존중 및 보호를 주창하는 안정된 정치체제를 유지해야 한다.
- 경제적 기준: 후보국들은 원활하게 운용되는 시장경제체제를 보유해야 하며 유럽연합지역 내부의 경쟁적 압력과 시장의 힘에 대해 적절히 대처해 나갈 수 있는 역량을 갖추어야 한다.
- EU 회원자격에 따라 부과되는 의무를 이행할 수 있느냐 여부와 관련된 기준. 정치적, 경제적, 통화연합의 목표에 대한 결속과 지지가 포함된다. 이는 회원국은 '아끼 꼬뮈노떼르'(*acquis communautaire*)라고 알려져 있는 EU법령 전체를 채택해야 한다는 것을 의미한다.[19]

가입조건이 마련되자 EU는 가입을 원하는 중·동유럽 국가들을 돕기 위해 일련의 지원정책을 폈다. 가입예정국들의 소득이 증가하고 제도가 발전되어야 EU 확대에 따른 기존 회원국들의 충격과 비용이 감소될 수 있기 때문이다. 우선은 시장경제체제로의 전환이 요구됐다. 생산활동을 위한 수송, 통신 등 인프라도 열악했다. 또한 시장경제체제를 운영하는 방식에 대한 기술지원 또는 정책자문도 필요했다. 이에 따라 가입예정국의 시장경제 운영을 위한 제도

적 기반을 만들어주고, 제반 인프라 구축을 도와주
는 체계적인 프로그램이 필요해졌다. EU가 지원한
PHARE, ISPA, SAPARD[20] 등의 프로그램은 그런
목적에서 만들어졌다.

가입협상은 1998년 시작돼 2002년 12월 10개국
과의 협상이 마무리됐다. 가입조건을 준수한 체코
공화국, 에스토니아, 헝가리, 라트비아, 리투아니
아, 폴란드, 슬로바키아, 슬로바니아, 키프로스, 말
타 등 중·동유럽을 포함한 10개국은 2004년 5월
공식적으로 유럽연합에 가입했다.

당초 EU 가입협상을 함께했던 불가리아와 루마
니아는 코펜하겐의 조건을 충족시키지 못해 가입이
연기됐다. 불가리아는 부패와 조직범죄, 루마니아
는 농민지원제도 등의 제도적 차원이 문제였다. 당
초 가입시간표에 따르면 2007년 1월에 정식 가입할
예정이다. 그러나 유럽위원회가 정한 코펜하겐 조
건을 제때에 소화하지 못하면 가입시점은 뒤로 연
기될 수 있다. '유럽의 화약고'라는 악명을 날렸던
발칸반도의 알바니아, 크로아티아, 몬테네그로 등도 EU 가입을 위한 장정에
들어가갔다. 그중 가장 빨리 EU에 합류할 것으로 예상되는 국가는 크로아티아.
유고내전의 후유증으로 가입협상도 불투명했으나 전범체포에 협조한 공로로
2005년 가입협상이 시작됐다. 코펜하겐 조건이 충족될 경우 빠르면 2009~10
년경 가입할 예정이다.

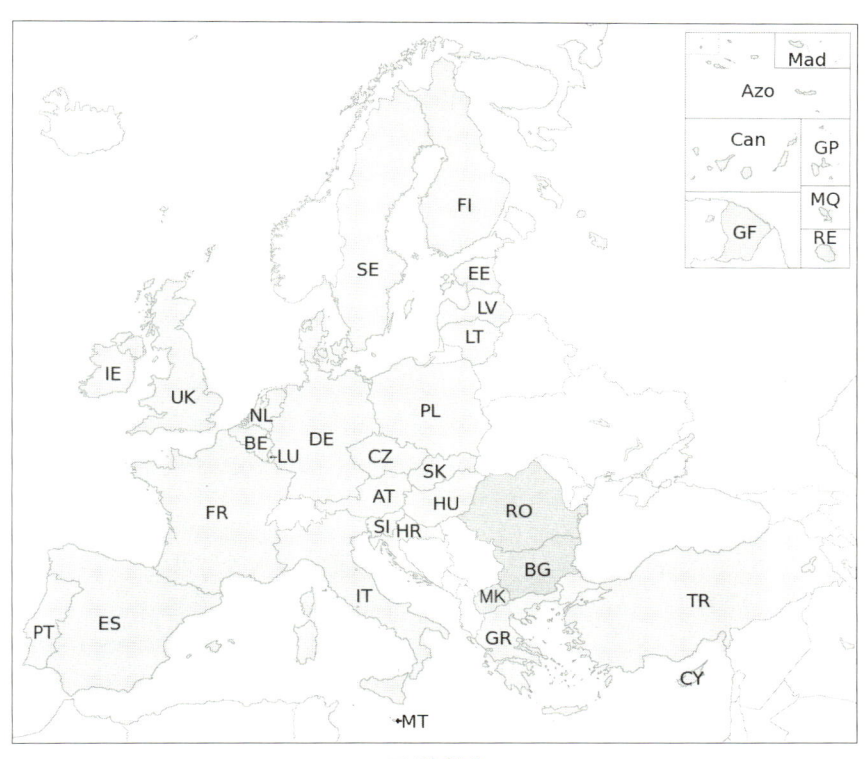

EU의 확대

우측상단은 지도에 표시되지 않는 EU영역으로 포르투갈령(Mad/Azo), 스페인령(Can), 프랑스령(GP/MQ/RE/GF)임.

그림: en.wikipedia.org

한편 크로아티아와 함께 2005년 가입협상을 시작한 터키는 유럽의 확대와 관련 가장 뜨거운 감자다. 이미 터키는 1964년 로마조약 당시부터 유럽의 일원이 되고자 노력했으며, 그러한 노력은 EU에까지 이어진다. 현재 터키는 2005년 이후 공식적인 가입협상을 시작한 상태로 최종 가입까지 10년 이상의 시간이 걸릴 것으로 예상된다. 터키의 가입이 문제되는 이유는 한두 가지가 아니다. 우선 터키 영토는 지리적·문화적으로 통상 유럽대륙으로 알려진 영역의 바깥에 존재한다. 기독교권인 유럽이 천 년 넘게 대립해온 이슬람권 터키를 받아들일 수 있느냐도 문제다. 7천만이 넘는 터키인들이 유럽으로 대이동했을 때의 충격도 만만치 않으며 쿠르드족 문제와 키프로스 정부와의 관계도 해결되지 않은 상태다. 그래서 현재 프랑스, 독일, 오스트리아, 키프로스가 반대하고 있다.

영국은 유럽통화동맹으로의 참여와 같은 EU의 심화에는 관심이 적었던 반면 EU의 확대에는 매우 적극적이었다. 연방주의에 대한 반발과 느슨한 연합으로서의 유럽에 대한 선호 때문이다. 회원국 숫자가 많아질수록 연합의 응집력은 떨어지기 마련이다. 이미 영국은 1958년 로마조약으로 6개국의 결집력이 강해지자 유럽자유무역지대(EFTA)를 제안해 회원수 확대를 통한 '물타기' 시도를 한 전례가 있다.

중·동유럽의 국가들이 대거 가입의사를 타진하자 영국은 환영했다. 블레어 총리는 처음 순환의장이 되었던 1998년 신규가입 희망국들과 제1차 가입협상을 담당하기도 했다. 2000년 10월 바르샤바에서의 연설에서 블레어 총리는 EU 정상으로서는 최초로 2004년 유럽의회 선거에 신규회원국들도 참가시키려면 그 전에 가입을 완료해야 한다고 주장하기도 했다. 중·동유럽 국가들의 EU 가입이 본격적으로 논의된 1998년부터 영국은 이들을 지원하기 위해

EU 차원의 지원 프로그램 이외에도 다양한 지원정
책을 추진하게 된다. 노하우펀드(Know How Fund),
액션플랜(Action Plans), 트위닝 프로그램(Twinning
Programme), 통일유럽프로그램(Reuniting Europe
Programme) 등이 있다.[21] 더욱이 영국은 역사와 문
화적 배경이 매우 다른 터키의 EU 가입에도 긍정적
인 태도를 보이고 있다.

2004년 중·동유럽 10개국이 참여하면서 유럽
연합(EU-25)은 인구 4억 5천만 명(세계 3위), 국내총
생산(GDP) 10조 달러(세계 1위)의 최대 공동체로 다
시 태어났다. 그러나 신규회원국의 제도와 경제는

아직 경쟁력이 약하다. '확장 피로감'이란 말도 생겨났다. 신규회원국의 노동
력 유입과 실업률 증가, 상당한 수준의 EU 지원액도 기존 회원국에게는 부담
이다. 더욱이 2005년 유럽헌법이 핵심 회원국 국내에서 부결되면서 확장에 대
한 부정적인 시각은 더 불거진 상태다. 거대한 유럽에 의한 평화와 경제번영
을 위해 시작된 EU 확장은 앞으로도 많은 노력과 시행착오의 시간을 보내야
할 것이다.

3. 파운드화와 유로화

유럽의 각국을 여행하면서 불편하지만 재미있는 경험은 환전이다. 환전수
수료가 아깝긴 해도 색색의 화폐를 바꾸는 즐거움이 쏠쏠하다. 그러나 2002년
1월부터 그런 즐거움은 사라졌다. 이제 유로존(eurozone) — 프랑스, 독일, 벨기

에, 덴마크, 룩셈부르크, 오스트리아, 스페인, 포르투갈, 이탈리아, 그리스, 아일런드, 핀란드—을 여행하려면 간단히 유로화로만 바꾸면 된다. 심지어 영국, 덴마크, 스웨덴도 관광지에서는 유로가 통용되고 있다. 유로화의 도입으로 유럽은 최소한 주머니 속의 경제에서 실질적인 통합을 이루고 있다.

유로화가 소개된 것은 1999년. 계정단위로 장부상에서 유통되기 시작했다. 손으로 만질 수 있는 지폐와 동전은 2002년부터 쓰기 시작했다. 통화기호는 €, 은행코드는 EUR로 프랑크푸르트의 유럽중앙은행(ECB)에서 통화정책을 결정하면 각국의 중앙은행은 이를 따른다. 총 25개 EU 가입국 중 12개[22] 국가, 3억의 인구가 공식적으로 사용하고 있으며, 나머지 가입국도 '통합조건' (convergence condition)을 갖추면 가입할 수 있다. 통합조건은 국내총생산(GDP) 3% 이하의 예산적자, 60% 이하의 부채, 낮은 인플레율, EU 평균 이자율 등이다. 2004년 새로 가입한 중·동유럽 국가들 역시 유로존에 가입하기 위한 단계별 시간표를 따르고 있다.

영국은 통합참여의 역사를 통해 목격했듯이, 자유무역지대를 통한 시장의 확대에는 관심이 있지만 통화동맹에는 관심이 없었다. 1960년 유럽자유무역연합(EFTA)을 설립한 것도 그렇고 1979년 유럽통화제도(EMS)에 가입하지 않은 것도 그렇다. 그래서 마스트리히트 조약도 유럽통화동맹에 가입하지 않는 조건으로 1993년에야 비준했다. 유럽통화동맹과 그 결과인 유럽중앙은행·유로화는 EU의 핵심이다. 이렇게 볼 때 영국은 아직 온전한 유럽연합의 일원이라고 보기는 어렵다.

영국이 유로화에 가입하지 않은 이유는 유럽연합에 대한 미온적인 태도를 가졌던 이유와 같다. 유럽국가라기보다는 대서양 국가 또는 영연방을 지도하는 세계적 강국이라는 자부심, 달러화 다음으로 파운드화를 세계 기축통화로

만들려는 야심, 그리고 오랜 전통을 가진-
그리고 엘리자베스 여왕의 초상이 그려
진-파운드화에 대한 애착이 그것이다. 이
미 EU의 설립초기부터 가졌던 유럽회의론
자들(Euroskeptics)이 가장 우려했던 것도 금
융·통화 주권의 상실이었다.

　그러나 유로화에 유보적이었던 메이저 정부가 실
각하고 1997년 노동당의 블레어가 등장하면서 분
위기는 상당히 바뀌었다. 블레어 정부의 공식입
장은 일단 유로화 도입을 '찬성'한다는 것
이다. 특히 블레어 총리는 자신은 되도록
빨리 유로화에 가입해 유럽연합내 영향력
의 위축을 막자는 주장이다. 문제는 언론과
국민이 유로화 도입에 전혀 호응하지 않는다
는 것이다. 노동당 내부에서도 찬반이 갈려

유로화 지폐와 동전

일부 의원들은 직접 선출되지 않은 무책임한 유럽은행이 영국의 경제정책을
결정하게 될 것이라는 보수당의 주장에 동조하고 있다.

　노동당내 경쟁자인 브라운(Gordon Brown) 재무장관은 EMU의 출범 직전인
1997년 '영국이 유로화에 참여하기 위한 다섯 가지 조건'을 제시했다. 조건이
충족될 경우 정부는 국민투표를 통해 동의를 얻는다는 계획. 조건들은 ① 영
국과 유로존 국가의 경기순환·경제구조가 충분히 조화로운가, ② 경제변화
를 극복할 만한 탄력성을 가졌는가, ③ 가입이 투자를 촉진할 것인가, ④ 영국
금융서비스부문에 유익한가, ⑤ 영국의 고용에 유리한가 등이다. 물론 조건은

브라운(1951~)
블레어를 이은 현 영국총리
(2007. 5~). 뚝심 있는 경제정
책으로 2005년 세 번째 노동당
승리에 결정적 기여를 했다. 유
럽통합에 회의적이어서 앞으로
의 거취가 주목되는 인물.

충족되지 않았다. 2003년 다섯 가지 조건은 다시 검토됐다. 브라운 재무장관은 조건 가운데 금융부문만 충족한 상황이라는 결과를 발표했다. 유로에 가입해도 경제적 조건의 수렴과 단일화폐 채택에 따른 경제변화에 대처하려면 더 많은 준비가 필요하다는 것이다. 발표 직전의 국민여론조사에서는 가입반대가 2/3에 달했다.

현 시점에서 파운드화는 당분간 계속될 것으로 보인다. 유로화로의 통합을 추진했던 블레어 총리의 앞날이 평탄치 않기 때문이다. 2005년 총선에서 집권3기에 들어섰지만 의석은 줄었고 당내 경쟁자의 반발도 만만치 않다. 더욱이 한때 위기에 빠졌던 런던의 금융시장도 과거의 영광을 되찾고 있다. 런던 동북단의 고색창연했던 시티오브런던(City of London)은 국제 간 은행거래, 외환거래, 외국주식거래에서 세계 1위를 자랑하는 영국의 대명사다. 게다가 황폐했던 런던의 카나리 워프(Canary Wharf) 지역을 현란한 현대식 금융가로 바꿔놓아 더욱 강력한 금융허브로 성장하고 있다. 영국인들은 1999년 프랑크푸르트 유럽중앙은행의 등장을 우려했다. 그러나 유럽이 런던을 따라잡으려면 조금 더 기다려야 한다.

4. 유럽헌법과 영국

EU는 등장 이후 세계 각국과 적극적인 외교활동을 전개했다. 한국과 북한 역시 유럽연합과 외교관계를 수립하고 각각 외교공관을 두고 있다. 그런데 외교공관의 이름은 '유럽연합대표부'가 아닌 '유럽연합 유럽집행위원회 대표부'다. 또한 세계무역기구(WTO)와 같은 경제기구와의 조약체결에도 유럽연합(EU)의 이름은 사용하지 못하고 유럽공동체(EC: European Community)나 유럽집행위(EC: European Commission)의 이름으로 서명한다. 우리가 유럽연합(EU)이라고 알고 있는 기구는 아직 국제법상 조약에 서명할 수 있는 '법인격'(legal personality)을 갖지 못해 이런 혼란이 오는 것이다. 다시 말해 EU라는 명칭은 여러 개의 국제조약과 조직을 하나의 이름 아래 느슨하게 모아놓은 장식물에 불과하다.

이유는 50여 년간 여러 개의 조약과 기구들이 누적되고 합쳐진 '모둠 조약'이기 때문이다. 자연히 상당한 부분의 조약과 기구가 중복돼 있다. 그리고 EU의 '세 가지 기둥' 구조에서 국제법상 '법인격'을 가진 기둥은 제1기둥인 유럽공동체뿐. 제2기둥(공동외교안보정책), 제3기둥(경찰사법기능)은 그 역할은 중대해지고 있지만 법적인 자격은 아직 미약하다. 실제로 작동하는 유럽위원회, 집행위원회, 의회, 법원, 중앙은행을 갖췄어도 이를 대표하는 기구는 이름만 거창할 뿐, 진정한 통합이라 보기 어렵다.

따라서 정상적인 법인격을 갖춘 초국가기구의 법적 기반이 요구됐다. 유럽헌법을 제정해야 한다는 것이다. 발의는 독일 외무장관 피셔(Joschka Fischer)가 시작했다. 새로운 밀레니엄이 시작되는 2000년 통일된 독일의 수도 베를린에서 이제 유럽의 통일을 이루자는 주장은 설득력 있었다. 이에 따라 2001년 벨기에 정상회담에서 라켄 선언(Laeken Declaration)으로 헌법논의를 공식선언하고, 유럽컨벤션에서 헌법초안을 마련했다.

2004년 6월 제출된 유럽헌법설립조약은 7월 유럽의회에 의해 비준됐다. 이에 따라 같은 해 10월 EU 회원국 정부수반들이 서명했으며, 한 국가도 예외 없

한눈에 보는 유럽연합의 발전							
1952	1958	1967	1993	1999	2003	??	

유럽공동체(EC) / 유럽연합(EU)

석탄철강공동체(ECSC)

유럽경제공동체(EEC) / 〈제1기둥〉 유럽공동체(EC)

〈제3기둥〉

ECs (ECSC+ / EEC+Euratom) / 사법내무분야 / 경찰사법협력(PJCC)

〈제2기둥〉 공동외교안보정책(CFSP)

유럽원자력공동체(Euratom)

| 파리조약 | 로마조약 | 통합조약 | 마스트리히트조약 | 암스테르담조약 | 니스조약 | 유럽헌법 |

이 회원국의 국내법에 의해 비준되면 비로소 유럽헌법이 발효된다.

EU헌법안을 보면, 각 회원국 법률보다 상위 효력을 지닌 EU헌법은 일반 헌법처럼 50개항의 기본권이 명시됐다. EU 권한을 대폭 확대하기 위해 임기 2년 6개월의 대통령(상임의장) 제도도 도입한다. 현재는 회원국 정상이 6개월씩 윤번제로 유럽평의회 의장을 맡고 있다. 또 5년 임기의 상임 외무장관도 신설했다. 현재 30명인 집행위원 수는 2014년부터 회원국 수의 2/3로 줄인다. 헌법안에 따르면 EU의 실질적 입법·행정기관으로 가장 중요한 기구는 각료이사회(유럽연합이사회)다. 각료이사회는 사법·경찰·교육·경제정책 등 50개 항목에 대해 인구비례에 따른 단순이중다수결[23]로 결정한다. 유럽헌법안의 가장 중요한 의의는 처음으로 유럽연합의 '법인격'을 명시하고 있다는 것이다.

한편 유럽통합의 여러 국면에서 영국이 가장 두려워했던 것은 법인격을 가진 강력한 유럽합중국의 탄생이다. 가뜩이나 경쟁국인 프랑스와 독일이 유럽연합을 주도해온 마당에 헌법마저 통과되면 영국이 설 자리는 더욱 좁아지는 것이다. 물론 한 나라라도 부결되면 헌법비준은 실패한다. 그러나 영국이 최후의 부결국이 된다면 유럽통합을 깬 원흉이라는 비난을 면하기 어렵다.

유럽연합의 주요기구

유럽이사회(European Council): EU정상회의로도 불린다. 회원국 정상과 유럽위원회 위원장이 참석하는 실질적인 최고의사결정기구. 통상 1년에 4회 열리며 공동제의, 법률, 제도개혁, EU확장문제, 예산 등 기본정책의 방향을 결정한다.

유럽연합이사회(Council of the EU): 각료이사회, 이사회로 불린다. 입법/예산권 일부를 보유하며, 조약/공동정책을 결정하는 최고기구. 사안에 따라 각국 장관이 참여하며, 회원국이 돌아가며 6개월간 순환의장직을 맡는다. 일반결의는 가중다수결, 중요결의는 만장일치로 결정한다. 실무는 회원국 EU대사로 구성된 상주대표위원회(Coreper)에서 담당. 의장을 보좌하는 사무총장은 공동외교안보정책(CFSP)의 고위대표를 겸한다. 브뤼셀에 소재.

유럽의회(European Parliament): 유럽시민에 의해 5년마다 직접 선출되는 유럽의원(MEPs)으로 구성. 현재의 유럽의원은 회원국 인구비례에 따라 2004년 6월 선출된 732명. 입법권은 없으나 수정/거부권을 보유한다. 본회기는 스트라스부르에서, 특별회기는 브뤼셀에서 열리며 사무총장은 룩셈부르크에 주재한다.

유럽위원회(European Commission): 각종 정책을 입안하고 EU의 이익을 수호하는 행정부의 역할을 하며 집행위원회로도 불린다. 회원국에서 1명씩 지명한 25명의 집행위원으로 구성. 집행위원회는 이사회가 심의 결정하는 모든 안건을 입안 제출하는 정책발의권을 가지고, 결정된 정책을 회원국가가 적절히 실행하는가를 감독하거나 직접 정책을 실행하고, EU 기금 관리 및 운영을 하며, 긴급 조치조항 운영권의 권리를 가진다. 또한, 집행위원회는 대외협상에서 EU를 대표하며 제3국 및 국제기구에 EU 대표부를 파견하고, 이사회의 위임에 따라 외국과 대외협상을 진행한다. 브뤼셀에 위치.

유럽사법재판소(European Court of Justice): 6년 임기의 8명의 판사로 구성. 조약준수, EU기구의 범법 처리, 유권해석 등의 기능을 하며 제1심 유럽재판소를 두고 있다. 룩셈부르크 소재.

유럽중앙은행(European Central Bank): EU의 통화정책과 유로화관리를 담당하며 프랑크푸르트에 있다.

영국에게는 다행스럽게 그런 일은 일어나지 않았다. 유럽통합의 주도국인 프랑스와 네덜란드의 국민투표에서 부결됐기 때문이다. 경제침체, 기여금 부담, 자국 정부에 대한 불만이 원인으로 지목되고 있다. 독일의 경우 진작 비준절차를 통과했지만, 부결사태 이후 대통령 서명을 유보한 상태다. 부결사태에 따라 2005년 6월 블레어 총리는 유럽헌법의 불투명한 장래 때문에 2006년 계획된 국민투표를 무기한 연기한다고 발표했다.

바로수(Jose Manuel Barroso) EU집행위원장은 2005년 10월 유럽정상들과의 회동에서 '반성의 기간'을 갖자고 제의했다. 1년간 모든 헌법 논의를 중단하고 'D-계획'(Plan D)에만 집중하자는 것이다. D는 민주주의, 대화, 논쟁(democracy, dialogue, debate)을 지칭한다. 그러나 현재까지 헌법과 관련한 진전은 거의 없다. 앞으로의 운명도 비관적이다. 있다면 대폭 헌법조항을 수정하거나, **아방가르드**(avant-garde: 전위대) **연대**를 통해 찬성하는 일부 국가들만 따로 모이는 것이다. 그러나 핵심내용을 뺀 수정헌법은 무의미하고 아방가르드는 분열만 증폭시킬 뿐이다. 로마조약 50주년을 맞아 2007년 강력한 통합유럽을 탄생시키려는 계획은 앞으로도 많은 시간이 필요하다.

에필로그: 영국과 유럽, 그리고 워털루의 반전

2004년 6월 18일 영국의 유명한 타블로이드판 신문에 블레어 총리의 사진이 대문짝만 하게 실렸다. 헤드라인은 "블레어 워털루에서 항복하다!" 이날 블레어 총리가 다른 유럽정상들과 함께 새로운 유럽헌법조약에 합의한 것을 빗댄 제목이다. 공교롭게도 6월 18일은 189년 전 나폴레옹이 웰링턴에 항복했던 날. 영국을 아우르는 통일된 유럽을 열망했던 나폴레옹이 워털루에서 좌절했던 야망을 채 200년도 되기 전에 이루게 했다는 푸념이 이어졌다.

매년 유럽연합(Eurobarometer)은 회원국의 유럽연합에 대한 태도를 조사한다. 2006년 봄에 실시된 여론조사를 보면, 영국 국민의 51%가 유럽연합을 신뢰하지 않는다고 대답했다. 유럽헌법에 대해서도 단지 42%만 찬성해 회원국 중 스웨덴에 이어 끝에서 두 번째다. 그렇다고 탈퇴를 원하는 것도 아니다. 42%가 참여에 긍정적, 25%가 부정적이었다. 다시 말해 현재 상태의 결합 속에서 현상유지를 원한다는 것이다. 그러나 과거 통합의 역사에서 영국의 역할을 목격해온 유럽의 시선은 달갑지 않다. 영국이 통합에 기여는 하지 않고 그 과실만 챙기려 한다는 비난이다.

영국은 유럽이다. 그리고 대서양을 향한 섬이기도 하다. 이러한 이중성은 영국이 국민국가로 형성된 이래 지금까지 대외정책에

블레어의 유럽헌법 서명에 대한 《선》지의 기사

고스란히 묻어난다. 20세기에는 미국과 영연방을 향한 대서양정책과 통합되려는 유럽에 대한 견제정책으로 나타났다.

블레어 정부의 대외정책도 여기에서 벗어나지 않았다. 출범 초기부터 유럽을 지향하려 했으나 미국과의 관계에 거리를 두지는 못했다. 특히 2003년 이라크전 참여는 영국·유럽관계를 최악으로 이끌었다. 유럽연합의 핵심강국이지만 파운드를 버리지도 못했고 유럽헌법을 이끌지도 못했다. 더구나 집권당 내 반대와 여론의 반발은 앞으로 영국의 통합정책에 어둠을 드리우고 있다.

영국이 머뭇거리는 사이, 중·동유럽 10개국의 가입으로 EU는 세계에서 가장 큰 공동체가 됐다. 4억 5천만의 인구, 세계 국내총생산(GDP)의 4분의 1이 하나의 지붕 아래 모인 것이다. EU 출범 이후 회원국 간 이견과 대립, 유럽헌법의 비준과정에서 나타난 격렬한 찬반논쟁으로 EU의 미래는 위기에 빠졌다고도 한다. 그러나 그러한 위기는 50여 년의 긴 통합과정에서 수도 없이 거쳐왔던 여러 문제 중 하나에 불과하다. 아직 시작에 불과한 연합이 유럽합중국으로 갈지는 누구도 장담하지 못한다. 더욱이 이미 현재의 유럽연합으로도 경제는 물론, 외교안보 분야까지 무시 못할 영향력을 행사하고 있다. 이제 연합의 강력한 하나의 축으로서 영국은 어떤 역할을 해야 하는가? 앞으로 영국 정치가 풀어야 할 숙제다.

다시 처음 언급했던 유로스타로 돌아가 보자. 숙제의 해법을 찾을지도 모르기 때문이다. 유로스타의 영국측 철로는 구철로를 넓혀 고속철도(TGV)에 맞춘 것이다. 이 때문에 시속 300km로 오던 기차는 도버－런던 구간에서 시속 100km로 줄여야 했다. 현재 새로운 고속철로 공사가 막바지다. 2007년 완공되면 런던－파리가 2시간 20분, 런던－브뤼셀은 2시간 5분으로 단축된다. 그리고 철로 완공과 함께 영국의 유일한 국제역은 워털루에서 세인트 판크라스

섬나라 영국과 유럽대륙을 잇는 유로스타
사진: www.eurostar.com

(St. Pancras) 역으로 이전한다. 새로운 이름으로 영국과 대륙의 심장부가 고속
으로 결합되는 것이다.

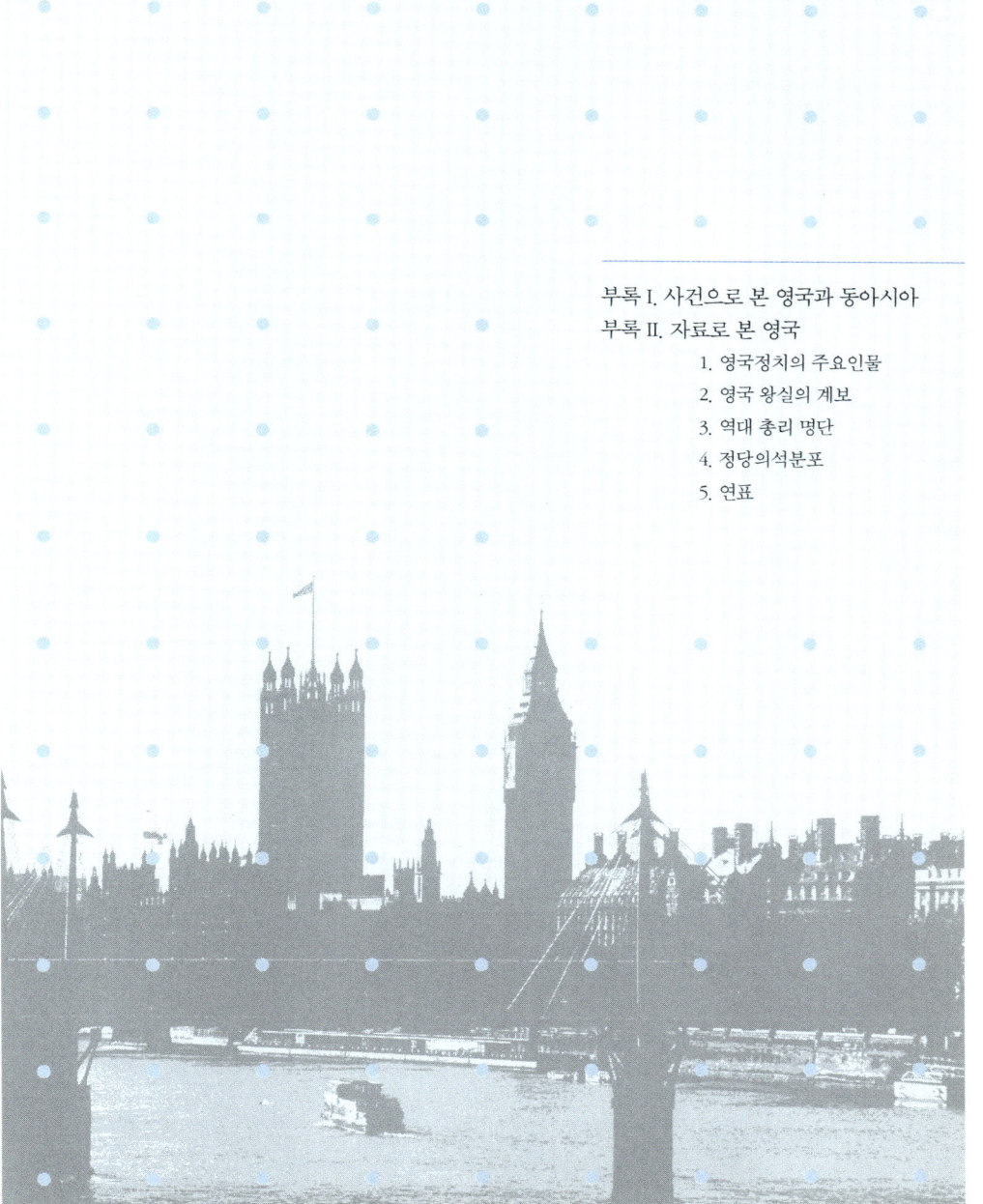

부록1.
사건으로 본 영국과 동아시아

1. 영국과 중국의 만남: 1, 2차 아편전쟁(1839~42, 1857~60)

산업혁명 이후 본격적인 해외시장 개척에 나선 영국에게 중국은 매우 중요한 나라였다. 그러나 유럽에서 중국상품에 대한 인기가 높아지자 중국과의 무역에 심각한 적자가 발생했다. 왜냐하면 중국으로부터 도자기, 실크, 향신료 및 차 등을 대규모로 수입하였으나, 반대로 중국으로 공산품을 수출하지 못했기 때문이다. 더구나 당시 크게 유행하던 중국산 차를 수입하기 위한 대금으로 엄청난 양의 은이 중국으로 유출되면서 재정상황은 더욱 악화됐다. 영국정부는 은의 유출을 막기 위해 식민지 인도의 동인도회사를 이용해 소위 '삼각무역'을 시도했다. 즉 영국은 차의 수입대금을 은 대신 인도산 아편으로 지불함으로써 은의 유출을 차단하려 했고, 이에 따라 아편을 사기 위한 중국의 은이 오히려 영국으로 흘러들어가는 상황이 발생했다.

중국의 청(淸)정부는 이미 18세기 초 아편으로 인한 은의 유출과 국민건강의 악화 등 사회문제가 커지자 아편무역을 금지하는 조치를 취했다. 그러나 민간무역에 의한 아편의 대량유입은 지속적으로 커져갔다. 1730년 15톤이던 아편유입은 아편전쟁 직전인 1838년 1,400톤에 달했다. 결국 도광제(道光帝)는 1839년 린쩌쉬(林則徐)를 광둥에 파견하여 아편무역을 전면 금지시키고, 수입된 아편을 전량 폐기하기에 이르렀다. 이에 영국정부는 1840년 군대를 파견하여 상하이, 난징 등지를 점령하고 우수한 군사력을 기반으로 청군의 저항을 무력화시켰다. 결국 청정부는 화의를 요청하고 1842년 8월29일 청과 영국 사이에 난징 조약이 체결됐다. 이 조약에 따라 광둥을 포함하여 5개 항구가 개항됨으로써 수백 년간 이어온 청의 조공무역이 무너지고, 홍콩이 영국에 할양됐다. 이후 중국은 본격적인 '서구의 충격'에 직면하기 시작했다.

난징 조약 이후 영국은 중국시장에 대한 본격적인 진출을 도모한다. 그러나 영국으로서는 난징 조약에 따라 개항된 5개항이 전체 중국 시장에 비해 보잘것없는 것이어서 중국시장을 넓힐 기회를 엿보고 있었다. 이러한 상황에서 중국정부가 난징 조약을 지키려는 의지를 보이지 않고 또 중국인들의 배외운동이 빈발하자 중국을 압박해 조약을 수정하려 했다.

1856년 10월 8일 발생한 애로(Arrow) 호 사건을 시작으로 영국은 중국에 더 큰 압박을 가하기 시작했다. 애로 호는 원래 중국인이 소유한 배로 영국국기를 달고 밀무역을 했었다. 중국관원이 배를 수색하고 선원들을 체포하자 영국정부는 이를 개전의 빌미로 삼았다. 자국의 선교사가 살해된 사건을 이용해 중국에 대한 영향력을 꾀하던 프랑스와 연합해 1857년 12월 광저우 항을 함락시켰다.

결국 영국과 프랑스는 청정부와 1858년 톈진 조약과 1860년 베이징 조약을 차례로 체결하는 데 성공했다. 이 조약들을 통해 영국은 중국의 개항수를 10

여 개로 확대하고, 베이징에 공사를 상주토록 했으며, 지우롱 반도를 할양받
았다. 이를 기반으로 영국은 중국에서 다른 제국주의 열강에 비해 상대적으로
우월한 지위를 확보할 수 있게 됐다.

2. 영국과 한반도: 거문도 사건(1885~1887)

아편전쟁을 통해 중국에 대한 이권을 확실히 확보한 영국은 중국을 넘어
다른 동아시아 지역으로 세력을 넓히려 했다. 이 과정에서 영국은 오랜 경쟁
국인 러시아와 동아시아 지역의 패권을 놓고 경쟁했는데, 당시 양국은 이미
아프가니스탄에서 대립하고 있었다.

거문도 사건은 그러한 영-러 경쟁이 적나라하게 드러난 사건이었다. 이미
러시아는 1860년 부동항인 블라디보스토크를 점령해 한반도에 대한 세력확장
의 발판을 마련했다. 이에 영국해군은 1885년 4월 15일 대한해협에 위치한 거
문도(영국이 Port Hamilton이라 함)를 점령했다.

당시 중국은 거문도 사건을 이용해 조선에 대한 종주권을 공고히 하려 했
다. 결국 청정부의 외교업무를 총괄하던 리홍장(李鴻章)은 러시아로부터 향후
한반도에 대한 불가침을 약속받고 영국에 전달함으로써 거문도 사건은 1887
년 3월 영국군의 철수로 해결되기에 이르렀다.

거문도 사건 이후 영국은 지속적으로 동아시아에서 러시아의 세력확장을
차단했다. 예를 들어 청일전쟁 직후인 1898년 3월 러시아가 중국의 뤼순, 다롄
항을 조차하자 영국은 심각한 위협을 느꼈다. 이에 따라 영국은 이미 웨이하
이웨이를 점령하고 있던 일본으로부터 양보를 얻어내 그해 7월 청정부와 웨이
하이웨이 조차에 관한 조약을 체결했다. 영국은 조차 기간이 러시아의 뤼순,
다롄 항 조차기간과 동일할 것임을 약속했다. 그러나 러시아가 1905년 뤼순

항에서 철수한 뒤에도 그대로 조차하다 1930년이 되서야 반환했다.

3. 영국의 대러시아 견제: 영일동맹(1902)

영일동맹은 1902년 1월 30일 영국외무상 랜스다운(Henry C.K. Lansdowne) 경과 영국 주재 일본 공사 하야시 다다스(林董) 사이에 체결되었으며, 1905년과 1911년 각각 갱신되었고 1921년 해제되었다. 거문도 사건에서 드러났던 바와 같이 영국은 영일동맹을 통해 동아시아에서 러시아의 세력확대를 차단하고, 중국에서 자국의 상업적 이익을 확보하고자 했다. 일본 역시 영국과의 연계를 통해 강대국으로서의 입지를 인정받고 러시아의 남하를 차단하려 했다.

러시아는 이에 대항하고자 영일동맹 체결 두 달 후인 3월 16일 독일 및 프랑스와 대항동맹을 체결한다. 일본은 결국 영일동맹 체결 직후인 1904년 러일전쟁을 일으켜 러시아를 패퇴시킴으로써 동아시아의 새로운 강자로 부상하였다. 이런 측면에서 영국과 일본의 밀착은 일본의 1910년 조선강제합병의 주요한 국제정치적 배경이라고 볼 수 있다.

4. 영국과 중화민국의 관계(1911~1949)

1911년 쑨원(孫文) 등이 주도한 신해혁명으로 수천 년간 지속된 봉건중국이 붕괴되고 공화정을 정치체제로 하는 새로운 중국이 건립됐다. 그러나 1949년 중화인민공화국이 수립될 때까지 공산당, 국민당 및 군벌 등 각종 정치세력이 서로 다투는 매우 혼란스러운 시기를 경험했다.

이러한 상황에서도 서구 열강은 봉건중국에서 누렸던 기득권을 그대로 유지하려 했다. 영국도 예외가 아니었다. 그러나 1927년 국공합작(國共合作)에 의해 군벌세력이 타도되고 중국이 불안정하나마 통일되자 상황은 바뀌었다. 봉건시기 체결된 불평등 조약을 개정하려는 움직임이 나타나기 시작했다. 이에 따라 영국은 1920~30년대부터 대중국 기득권을 포기하기 시작했다. 1943년에는 공식적으로 1842년 이후 획득한 기득권 및 치외법권을 중국정부에 돌려주었다. 사실 이러한 조치는 2차 대전이 발발한 상황에서 동맹국인 중국을 지지하는 정치적 제스처였다고 할 수 있다.

5. 중화인민공화국의 성립과 영국(1949~1972)

1945년 2차 대전이 끝난 후 중국대륙은 국공 내전에 빠져들어 결국 1949년 10월 1일 마오쩌둥(毛澤東)이 이끄는 공산당에 의해 중화인민공화국이 성립됐다. 동서 냉전의 격화라는 상황에도 불구하고 영국은 1950년 1월 6일 중국정부를 승인한다고 발표하였다. 그러나 1950년 6월 발발한 한국전쟁에 영국이 참전함으로써 중국과 영국의 관계는 악화됐다. 중국 내 영국기업들은 문을 닫도록 압력 받았고, 상하이를 제외한 영사관도 모두 철수했다.

이러한 상황 속에서 이든(Anthony Eden) 영국 외무장관과 저우언라이(周恩來) 중국외교부장은 1954년 제네바에서 만나 양국 관계개선에 대한 공감대를 형성했다. 그 결과 양국은 1955년 대리공사를 파견하면서 교류를 재개했다. 1954년 영국 노동당 대표단이, 그리고 1964년 제이(Douglas Jay) 영국 재무장관이 영국 각료로서는 최초로 중국을 방문했다. 양국 간 교역량도 3천 6백만 달러에 달했다.

그러나 1966년부터 중국을 휩쓴 문화대혁명은 중영관계에도 심각한 영향을 미쳤다. 문화혁명 세력들은 중국 내 영국세력을 예외로 두지 않았다. 북경 주재 로이터 특파원인 그레이(Anthony Grey) 등을 구금했으며, 1967년 여름 영국공사관을 습격하고 상해 영사관을 폐쇄했다. 결국 1969년 혁명의 기운이 잦

아들어서야 문제가 해결되기에 이르렀다. 구금됐던 기자들은 석방됐고, 저우언라이 총리는 영사관 공격에 대해 사과하고 보상을 약속했다.

6. 영국의 대중국 관계정상화(1972~1989)

문화대혁명의 혼란이 수습되면서 양국은 외교관계 회복을 위한 협상을 시작했다. 그 결과 1972년 3월 13일 대사급 외교관계를 수립하고, 그 직후 흄(Douglas-Home) 영국 외무장관이 최초로 중국을 방문하였다. 이후로 1989년 천안문 사건까지 영국의 최고위급 인사가 수차례 중국을 방문함으로써 양국관계는 긴밀해졌다. 예를 들어 1979년 왕족인 켄트 공이 중국을 방문하였고, 1982년 대처 수상, 1986년에는 엘리자베스 영국여왕의 중국방문이 이어졌다. 특히 대처 수상은 1984년 다시 중국을 방문, 중국과 홍콩반환협정을 체결했다. 이에 따라 1898년 영국이 홍콩을 조차한 이래 역사적 쟁점이 되어왔던 홍콩문제가 마무리됐다. 고위층 방문 이외에도 영국은 1985년부터 상하이, 광저우, 그리고 충칭에 영사관을 설립하였다.

양국 간 경제교류 및 민간교류 역시 큰 폭으로 성장했다. 많은 수의 영국기업이 다시 중국으로 진출하기 시작하였으며, 양국 간 무역규모도 수십억 파운드로 증대됐다. 특히 1986년과 1988년 영국은 중국과 3억 달러 규모의 소프트론을 체결함으로써 양국의 경제교류는 보다 강화되기 시작하였다.

7. 천안문 사건 이후 영국의 대중국관계(1989~현재)

1989년 6월 4일 천안문 사건으로 영국과 중국관계는 다시 긴장됐다. 영국은 다른 유럽국가와 더불어 대중국 제재조치를 결정하였다. 고위급 방문 등이 취소됐고, 영국 내에서 중국의 인권상황 등에 대한 광범위한 비판이 제기됐다.

천안문 사건은 홍콩반환에도 영향을 미쳤다. 영국정부는 홍콩이 반환된 뒤 천안문 사건과 같은 정치적 탄압이 발생할 수 있는 가능성을 염려했던 것이다. 이에 따라 영국은 홍콩이 반환되기 이전에 정치체제를 개혁하려 했다. 예를 들어 1992년 홍콩행정장관으로 임명된 패튼(Chris Patten)은 홍콩 주민의 정치적 권리를 보호하는 방향으로 정치개혁을 추진했다. 중국정부는 영국의 홍콩정책에 불편한 심기를 감추지 않았고 그 결과 양국 간 협의체인 공동연락그룹(Joint Liaison Group)에 불협화음이 나타나기도 했다.

그러나 1997년 홍콩반환은 매우 순조롭게 진행됐다. 이후 중국과 영국 관계는 원만하게 전개됐다. 특히 블레어 영국총리는 1998년 10월 중국을 방문 '영중 포럼(UK-China Forum)'을 창설했다. 이듬해인 1999년에는 장쩌민(江澤民) 중국국가주석이 영국을 방문, 양국 간 관계를 한층 발전시켰다.

부록2.
자료로 본 영국

1. 영국정치의 주요인물

(1) 역대 국왕(여왕)

에드워드 1세
(Edward I, 1239. 6. 17~1307. 7. 7 / 재위: 1272~1307)

헨리 3세의 첫째 아들. 잉글런드의 왕권과 법률 강화를 위해 힘씀. 중앙정부기구를 체계화하여 3권 분립 기초를 마련함. 1295년에 〈모범의회〉를 소집. 웨일즈를 정복하고 스코틀런드 또한 정복하려 했으나 실패함.

엘리자베스 1세
(Elizabeth I, 1533. 9. 7~1603. 3. 24 / 재위: 1558~1603)

헨리 8세의 딸로 태어남. 성공회를 영국의 국교로 재공인함. 절대왕정 시기의 강력한 왕권을 바탕으로 의회의 권한을 축소시킴. 스페인의 무적함대를 격파하여 영국 해상 발전의 기틀을 마련함. 결혼하지 않고 처녀여왕으로서 생을 마감함.

찰스 1세

(Charles I, 1600. 11. 19~1649. 1. 30 / 재위: 1625~1649)

스코틀런드의 제임스 6세의 둘째 아들. 1628년 〈권리청원〉
에 서명. 1629년 의회를 해산하였으나 전쟁으로 인한 재정
문제로 다시 의회를 소집함. 1642년 왕당파와 의회파 사이
에 벌어진 내란에서 의회파의 승리로 끝나면서 1649년 처
형됨. 그후 1649~1660년까지 공화정이 실시됨.

제임스 2세

(James II, 1633. 10. 14~1701. 9. 16 / 재위: 1685~1689)

찰스 1세의 둘째 아들. 가톨릭을 믿는 잉글런드의 마지막
왕. 왕권강화를 모색하고 가톨릭을 잉글런드의 국교로 수
립하려 함. 성공회, 의회와의 마찰로 인해 1688년 성공회
교도인 딸 메리와 사위 오렌지 공 윌리엄이 이끈 〈명예혁
명〉으로 인해 1689년 폐위되고 프랑스로 망명함. 〈명예혁
명〉 이후 〈왕권신수설〉은 무너지고 의회주권이 확립됨.

윌리엄 3세, 오렌지 공 윌리엄

(William III, William of Orange, 1650. 11. 14~1702. 3. 8 / 재위: 1689~1702)

네덜란드 빌렘 2세와 영국 찰스 1세의 딸 메리의 아들. 1666년 네덜란드 의회 의원이 되었고, 1672년 프랑스 왕 루이 14세의 네덜란드 침략을 저지한 공을 인정받아 총독이 됨. 1677년 11월 제임스 2세의 딸 메리와 결혼. 1688년 11월 영국 의회의 요청에 따라 군대를 이끌고 브릭섬(Brixham)에 상륙함. 이듬해 메리와 함께 공동 국왕이 되었고, 영국헌법의 기초가 되는 〈권리장전〉을 선포함으로써 〈명예혁명〉을 달성. 내정을 의회에 맡기고 제임스 2세의 반란을 비롯하여 아일랜드와 스코틀랜드에서 발생한 반란들을 진압하고 프랑스 루이 14세의 세력 확장을 저지하는 데 힘을 기울임.

메리 2세

(Mary II, 1662. 4. 30~1694. 12. 28 / 재위: 1689~1694)

제임스 2세의 장녀로서 왕위계승서열 1위에 오름. 할아버지 손에서 자라 아버지와 달리 신교도가 되었고 1677년 사촌인 오렌지 공 윌리엄(윌리엄 3세)과 결혼하여 네덜란드로 감. 1688년 영국 의회의 요청으로 남편과 함께 영국에 돌아왔으며, 〈권리장전〉을 수락하고 남편과 공동으로 왕위에 오름. 남편의 부재중에만 정무를 보고, 그 이외에는 대체로 공적인 일에 간섭하지 않음. 천연두에 걸려 32세의 나이로 사망함.

조지 1세

(George I, 1660. 5. 28~1727. 6. 11 / 재위: 1714~1727)

독일의 하노버 선거후의 아들이자 제임스 1세의 외증손. 1714년 앤 여왕이 후사 없이 사망하자 〈왕위계승법〉에 따라 영국 왕위에 올라 하노버 왕조를 창시. 자신과 동행한 신하들이 영어를 할 줄 몰랐기 때문에 이에 불편을 느끼고 정치일선에서 한발 물러나 국정을 내각과 의회에 맡김으로써 의회정치의 발달을 촉진시키는 계기를 마련함.

빅토리아 여왕

(Queen Victoria, 1819. 5. 24~1901. 1. 22 / 재위: 1837~1901)

하노버 왕가의 마지막 군주. 조지 3세의 4남인 켄트 공의 딸. 윌리엄 4세가 사망하자 18세의 나이로 왕위에 오름. 1840년에 색스코버그 고터 가문의 앨버트 공과 결혼. '군림하되 통치하지 않는다' 는 원칙을 따라 오늘날과 같은 영국 군주의 위상을 확립하는 데 기여함. 영국 역사상 가장 오랜 기간인 64년 동안 재위. 정치적으로는 디즈레일리와 글래드스턴을 축으로 하는 양당제 의회정치를 확립하였고, 경제적으로는 〈산업혁명〉과 자본주의를 크게 발전시켰음. 외교적으로는 제국의 영역을 확장하여 전 세계에 걸쳐 영향력을 행사하며 이른바 '빅토리아 시대' 라 불리는 영국의 전성기를 이룩함.

엘리자베스 2세

(Elizabeth II, 1926. 4. 21~ / 재위: 1952~)

현 국왕. 1926년 런던에서 출생. 1952년 조지 6세의 급작스런 죽음으로 왕위를 계승하고 연합왕국의 왕이자 자치령 각국의 왕이며 나아가 구(舊)제국에 속한 독립국들의 결합체인 코먼웰스(Commonwealth of Nations)의 수장으로서 대관한 최초의 왕. 현재 슬하에 찰스 왕자를 포함해 3남 1녀를 두었음.

(2) 주요 정치인

시몽 드 몽포르 백작

(Simon de Montfort, 1208~1265. 8. 4)

영국의 귀족, 정치가로서 프랑스 귀족의 아들로 태어났으나, 어머니 쪽 계통을 따라 영국 레스터 백작 집안을 계승함. 영국의 왕 헨리 3세의 실정에 대한 불만이 커지자 왕에 대한 귀족들의 반발을 이끄는 지도자가 됨. 1263부터 1264년까지의 반발 이후에 사실상의 최고 권력자가 되고 1265년 1월 귀족·성직자 외에 기사·시민도 참가한 의회를 소집함. 이로 인하여 몽포르는 근대 민주주의의 선구자라 불리고 있음.

올리버 크롬웰

(Oliver Cromwell, 1599. 4. 25~1658. 9. 3)

잉글랜드 동부 헌팅던 출생. 상류가문의 아들로 태어나, 헌팅던의 그래머스쿨과 케임브리지 대학에서 공부하였고, 청교도주의의 영향을 크게 받음. 군인, 정치인, 그리고 독재자임과 동시에 평민으로서 영국 권좌에 오른 두 사람 중 한 명임. 그는 군 최고권력자가 되어 결국에 호국경으로서 영국, 스코틀랜드, 그리고 아일랜드까지 통치함. 이는 1653년 12월 16일부터 그의 죽음까지 계속됨.

로버트 월폴

(Robert Walpole, 1676. 8. 26~1745. 3. 18)

영국 노픽 출생. 1701년에 하원의원이 되자 곧 두각을 나타내 해군장관 등을 역임하며 휘그당원으로 활약. 일반적으로 최초의 영국 총리로 간주됨. 1715년 총리 겸 재무장관으로 임명되어 1742년 총선거에서 패하고 은퇴할 때까지 약 20년간 정권을 유지하며 영국 역사상 가장 긴 기간 동안 총리직을 역임함. 또한 처음으로 내각이 의회에 대해 책임을 지는 내각책임제를 확립함.

윌리엄 글래드스턴

(William E. Gladstone, 1809. 12. 29~1898. 5. 19)

리버풀 출생. 옥스퍼드 출신. 1868~1874년, 1880~1885년, 1886년, 1892~1894년 네 차례 총리를 역임. 벤자민 디즈레일리와 오랜 기간 정치적 경쟁자로 지냄. 윈스턴 처칠과 더불어 영국 최고의 총리로 칭송받고 있음.

벤자민 디즈레일리

(Benjamin Disraeli, 1804. 12. 21~1881. 4. 19)

런던 출생. 뛰어난 웅변에 힘입어 1837년 정계에 입문. 1852년, 1858~1859년, 1866년~1868년 세 차례 재무장관을 지냄. 1868년 일시 총리가 된 후, 1874년 총선거에서 휘그당을 물리치고 다시 내각을 조직하여 1880년까지 정권을 잡음. 빅토리아 시대의 번영기를 지도. 다수의 정치소설을 씀.

윈스턴 처칠

(Winston L. S. Churchill, 1874. 11. 30~1965. 1. 24)

옥스퍼드서 출생. 샌드허스트 육군사관학교를 졸업. 1900년 보수당의 후보로 하원의원에 당선. 1904년 당적을 자유당으로 옮김. 후에 보수당에 다시 복귀. 1940~1945년, 1951~1955년 총리를 역임. 1946년 미국 미주리 주 풀턴에서의 연설에서 '철의 장막'(iron curtain)이라는 신조어를 만들어 냄. 1953년 『제2차 세계대전』으로 노벨문학상을 수상. 화가로서도 널리 알려져 있음.

마가렛 대처
(Margaret H. Thatcher, 1925. 10. 13~)
링컨서의 그랜덤 출생. 옥스퍼드 대학교의 서머빌 콜리지를 졸업. 1959년 보수당 소속으로 하원의원에 당선. 1979~1990년 총리 역임. 20세기 영국 최장기 집권 총리이자 영국 최초의 여총리. 재임기간 중 과감한 민영화와 노조와해, 교육·의료 등 공공분야에 대한 국고지원 삭감, 긴축재정 실시 등으로 '철(鐵)의 여인' 이라 불림.

토니 블레어(Tony C. L. Blair, 1953. 5. 6~)
에딘버러 출생. 옥스퍼드 대학교 졸업. 변호사. 1983년 북부 잉글랜드의 세지필드(Sedgefield)에서 하원의원에 당선됨. 그림자 내각(Shadow Cabinet)을 거쳐 1994년 노동당 최연소 당수가 됨. 1997~2007년 영국의 총리. 노동조합의 영향력 제한, 노동당 당규의 '생산, 배분 및 교환수단의 공유' 조항 삭제 등 이른바 신노동당 정책과 공기업ー사기업의 적절한 통합, 사회적 정의를 보장하는 맥락에서 시장경제에 대한 정부간섭의 축소 등이 포함된 '제3의 길' (the Third Way)을 정치적 기치로 내세움.

2. 영국 왕실의 계보

	국 왕		왕 가	재위연도
잉글랜드 England	참회왕 에드워드	Edward the Confessor	색슨	1042~1066
	해럴드	Harold		1066
	윌리엄 1세	William I	노르만	1066~1087
	윌리엄 2세	William II		1087~1100
	헨리 1세	Henry I		1100~1135
	스티븐	Stephen	블루아	1135~1154
	마틸다	Matilda declared Queen	플란타저넷	1135
	헨리 2세	Henry II		1154~1189
	리처드 1세	Richard I		1189~1199
	존	John		1199~1216
	헨리 3세	Henry III		1216~1272
	에드워드 1세	Edward I		1272~1307
	에드워드 2세	Edward II		1307~1327
	에드워드 3세	Edward III		1327~1377
	리처드 2세	Richard II		1377~1399
	헨리 4세	Henry IV	플란타저넷 : 랭커스터	1399~1413
	헨리 5세	Henry V		1413~1422
	헨리 6세	Henry VI		1422~1461, 1470~1471
	에드워드 4세	Edward IV	플란타저넷 : 요크	1461~1470, 1471~1483
	에드워드 5세	Edward V		1483
	리처드 3세	Richard III		1483~1485
	헨리 7세	Henry VII	튜더	1485~1509
	헨리 8세	Henry VIII		1509~1547
	에드워드 6세	Edward VI		1547~1553
	메리 1세	Mary I		1553~1558
	엘리자베스 1세	Elizabeth I		1558~1603
	제임스 1세	James I	스튜어트	1603~1625
	찰스 1세	Charles I		1625~1649
	크롬웰의 공화정	Commonwealth		1649~1660
	찰스 2세	Charles II	스튜어트	1660~1685
	제임스 2세	James II		1685~1689
	윌리엄 3세/메리 2세	William and Mary	오라녜, 스튜어트	1689~1702
	앤	Anne	스튜어트	1702~1714

	조지 1세	George I	하노버	1714~1727
	조지 2세	George II		1727~1760
	조지 3세	George III		1760~1820
영국	조지 4세	George IV		1820~1830
Great	윌리엄 4세	William IV		1830~1837
Britain	빅토리아	Victoria		1837~1901
	에드워드 7세	Edward VII	작센-고타	1901~1910
	조지 5세	George V	윈저	1910~1936
	에드워드 8세	Edward VIII		1936
	조지 6세	George VI		1936~1952
	엘리자베스 2세	Elizabeth II		1952~현재

3. 역대 총리 명단

이 름	재임기간	소속정당
로버트 월폴 Sir Robert Walpole	1721.4~1742.2	휘그 당 (Whig)
스펜서 콤턴(윌밍턴 백작) Spencer Compton(Earl of Wilmington)	1742.2~1743.7	
헨리 펠럼 Henry Pelham	1743.8~1754.3	
토머스 펠럼 홀리스(뉴카슬 공작) Thomas Pelham Holles(Duke of Newcastle upon Tyne)	1754.3~1756.11	
윌리엄 캐번디시(데본셔 공작) William Cavendish(Duke of Devonshire)	1756.11~1757.6	
토머스 펠럼 홀리스(뉴카슬 공작): 재임 Thomas Pelham Holles(Duke of Newcastle upon Tyne)	1757.7~1762.5	
존 스튜어트(뷰트 백작) John Stuart(Earl of Bute)	1762.5~1763.4	토리 당 (Tory)
조지 그렌빌 George Grenville	1763.4~1765.7	휘그 당 (Whig)
찰스 왓슨 웬트워스(로킹엄 후작) Charles Watson-Wentworth(Marquess of Rockingham)	1765.7~1766.7	
대(大)윌리엄 피트(채텀 백작) William Pitt the Elder(Earl of Chatham)	1766.7~1768.10	
오거스터스 헨리 피츠로이(그라프턴 공작) Augustus Henry FitzRoy(Duke of Grafton)	1768.10~1770.1	
프레더릭 노스 Frederick North	1770.1~1782.3	토리 당 (Tory)
찰스 왓슨 웬트워스(로킹엄 후작): 재임 Charles Watson-Wentworth(Marquess of Rockingham)	1782.3~1782.7	휘그 당 (Whig)
윌리엄 페티 피츠모리스(셸버른 백작) William Petty FitzMaurice(Earl of Shelburne)	1782.7~1783.4	
윌리엄 헨리 캐번디시 벤팅크(포틀런드 공작) William Henry Cavendish Bentinck(Duke of Portland)	1783.4~1783.12	
소(小)윌리엄 피트 William Pitt the Younger	1783.12~1801.3	토리 당 (Tory)

헨리 애딩턴 Henry Addington	1801.3~1804.5	토리 당 (Tory)
소(小)윌리엄 피트: 재임 William Pitt the Younger	1804.5~1806.1	
윌리엄 윈덤 그렌빌(그렌빌 남작) William Wyndham Grenville(Baron Grenville)	1806.2~1807.3	휘그 당 (Whig)
윌리엄 헨리 캐번디시 벤팅크(포틀런드 공작): 재임 William Henry Cavendish Bentinck(Duke of Portland)	1807.3~1809.10	토리 당 (Tory)
스펜서 퍼시벌 Spencer Perceval	1809.10~1812.5	
로버트 뱅크스 젠킨슨(리버풀 백작) Robert Banks Jenkinson(Earl of Liverpool)	1812.6~1827.4	
조지 캐닝 George Canning	1827.4~1827.8	
프레더릭 존 로빈슨(고드리치 자작) Frederick John Robinson(Viscount Goderich)	1827.9~1828.1	
아서 웨슬리(웰링턴 공작) Arthur Wellesley(Duke of Wellington)	1828.1~1830.11	
찰스 그레이(그레이 백작) Charles Grey(Earl Grey)	1830.11~1834.7	휘그 당 (Whig)
윌리엄 램(멜버른 자작) William Lamb(Viscount Melbourne)	1834.7~1834.11	
아서 웨슬리(웰링턴 공작): 재임 Arthur Wellesley(Duke of Wellington)	1834.11~1834.12	토리 당 (Tory)
로버트 필 Sir Robert Peel	1834.12~1835.4	보수당 (Conservative)
윌리엄 램(멜버른 자작): 재임 William Lamb(Viscount Melbourne)	1835.4~1841.8	휘그 당 (Whig)
로버트 필:재임 Sir Robert Peel	1841.8~1846.6	보수당 (Conservative)
존 러셀 John Russell	1846.6~1852.2	휘그 당 (Whig)

에드워드 제프리 스탠리(더비 백작) Edward Geoffrey Stanley(Earl of Derby)	1852.2~1852.12	보수당 (Conservative)
조지 해밀턴-고든(애버딘 백작) George Hamilton-Gordon(Earl of Aberdeen)	1852.12~1855.2	
헨리 존 템플(파머스턴 자작) Henry John Temple(Viscount Palmerston)	1855.2~1858.2	자유당 (Liberal)
에드워드 제프리 스탠리(더비 백작): 재임 Edward Geoffrey Stanley(Earl of Derby)	1858.2~1859.6	보수당 (Conservative)
헨리 존 템플(파머스턴 자작): 재임 Henry John Temple(Viscount Palmerston)	1859.6~1865.10	자유당 (Liberal)
존 러셀(러셀 백작): 재임 John Russell(Earl of Russel)	1865.10~1866.6	
에드워드 제프리 스탠리(더비 백작): 3임 Edward Geoffrey Stanley(Earl of Derby)	1866.6~1868.2	보수당 (Conservative)
벤저민 디즈레일리 Benjamin Disraeli	1868.2~1868.12	
윌리엄 유어트 글래드스턴 William Ewart Gladstone	1868.12~1874.2	자유당 (Liberal)
벤저민 디즈레일리: 재임 Benjamin Disraeli	1874.2~1880.4	보수당 (Conservative)
윌리엄 유어트 글래드스턴: 재임 William Ewart Gladstone	1880.4 ~1885.6	자유당 (Liberal)
로버트 세실(솔즈베리 후작) Robert Cecil(Marquess of Salisbury)	1885.6~1886.1	보수당 (Conservative)
윌리엄 유어트 글래드스턴: 3임 William Ewart Gladstone	1886.2~1886.7	자유당 (Liberal)
로버트 세실(솔즈베리 후작): 재임 Robert Cecil(Marquess of Salisbury)	1886.7~1892.8	보수당 (Conservative)
윌리엄 유어트 글래드스턴: 4임 William Ewart Gladstone	1892.8~1894.3	자유당 (Liberal)
아치볼드 필립 프림로즈(로즈베리 백작) Archibald Philip Primrose(Earl of Rosebery)	1894.3~1895.6	

로버트 세실(솔즈베리 후작): 재임 Robert Cecil(Marquess of Salisbury)	1895.6~1902.7	보수당 (Conservative)
아서 제임스 발포어 Arthur James Balfour	1902.71~1905.12	
헨리 캠벨 배너먼 Sir Henry Campbell-Bannerman	1905.12~1908.4	자유당 (Liberal)
허버트 헨리 애스퀴스 Herbert Henry Asquith	1908.4~1916.12	
데이비드 로이드 조지 David Lloyd George	1916.12~1922.10	
앤드류 보너 로 Andrew Bonar Law	1922.10~1923.5	보수당 (Conservative)
스탠리 볼드윈 Stanley Baldwin	1923.5~1924.1	
제임스 램지 맥도널드 James Ramsay MacDonald	1924.1~1924.11	노동당 (Labour)
스탠리 볼드윈: 재임 Stanley Baldwin	1924.11~1929.6	보수당 (Conservative)
제임스 램지 맥도널드: 재임 James Ramsay MacDonald	1929.6~1931.8	노동당 (Labour)
제임스 램지 맥도널드: 3임 James Ramsay MacDonald	1931.8~1935.6	노동당 거국정부
스탠리 볼드윈: 3임 Stanley Baldwin	1935.6~1937.5	보수당 거국정부
네빌 체임벌린 Neville Chamberlain	1937.5~1940.5	
윈스턴 처칠 Winston Churchill	1940.5~1945.7	
클레먼트 애틀리 Clement Attlee	1945.7~1951.10	노동당 (Labour)

윈스턴 처칠 Sir Winston Churchill	1951.10~1955.4	보수당 (Conservative)
안소니 이든 Sir Anthony Eden	1955.4~1957.1	
해럴드 맥밀런 Harold Macmillan	1957.1~1963.10	
알렉 더글러스-흄 Sir Alec Douglas-Home	1963.10~1964.10	
해럴드 윌슨 Harold Wilson	1964.10~1970.6	노동당 (Labour)
에드워드 히스 Edward Heath	1970.6~1974.3	보수당 (Conservative)
해럴드 윌슨: 재임 Harold Wilson	1974.3~1976.4	노동당 (Labour)
제임스 캘러헌 James Callaghan	1976.4~1979.5	
마가렛 대처 Margaret Thatcher	1979.5~1990.11	보수당 (Conservative)
존 메이저 John Major	1990.11~1997.5	
토니 블레어 Tony Blair	1997.5~2007.5	노동당 (Labour)
고든 브라운 Gordon Brown	2007.5~현재	노동당 (Labour)

4. 정당의석분포

하원 (총 646석)	
정당명	의석수
Labour	353석
Conservatives	196석
Liberal Democrats	63석
Democratic Unionist Party	9석
Scottish National Party	6석
Sinn Féin (abstentionist석)	5석
Plaid Cymru	3석
Social Democratic and Labour Party	3석
Respect	1석
Ulster Unionist Party	1석
Independent / other	6석

상원 (총 741석)	
정당명	의석수
Labour	213석
Conservatives	210석
Crossbench	196석
Liberal Democrats	79석
Bishops	26석
Independent / other	17석

스코틀랜드 의회 (총 129석)	
정당명	의석수
Labour	50석
Scottish National Party	25석
Conservative and Unionists	17석
Liberal Democrats	17석
Scottish Green Party	7석
Scottish Socialist Party	4석
Scottish Senior Citizens Unity Party	1석
Independent / other	8석

웨일즈 의회 (총 60석)	
정당명	의석수
Labour	29석
Plaid Cymru	12석
Conservatives	11석
Liberal Democrats	6석
Forward Wales	1석
Independent / other	1석

북아일런드 의회 (총 108석)	
정당명	의석수
[Suspended] Democratic Unionist Party	32석
Ulster Unionist Party	24석
Sinn Féin	24석
Social Democratic and Labour Party	18석
Alliance	5석
UKUP	1석
Independent / other	4석

런던 의회 (총 25석)	
정당명	**의석수**
Conservatives	9석
Labour	7석
Liberal Democrats	5석
Green Party of England and Wales	2석
One London	2석

유럽 의회 (전체 732석 중 영국의석은 78석) 괄호 안은 유럽의회 내 소속정당	
정당명	**의석수**
Conservatives(European Democrats)	26석
Labour(Party of European Socialists)	19석
Liberal Democrats(European Liberal Democrat and Reform Party)	12석
UKIP(Independence and Democracy)	10석
Green Party of England and Wales(European Green Party)	2석
Scottish National Party(European Free Alliance)	2석
Democratic Unionist Party(Non-attached)	1석
Plaid Cymru(European Free Alliance)	1석
Sinn Féin(European United Left-Nordic Green Left)	1석
Ulster Unionist Party(European Democrats)	1석
Independent(Non-attached)	2석
Conservative and Unionists(Non-attached)	1석

기타 군소정당: British National Party | Socialist Labour | Liberal | English Democrats

5. 연표

1215	대헌장(Magna Carta).
1258	영주들의 반란. 옥스퍼드 조항 승인.
1265	대자문회의에 주 기사와 도시 대표들을 소집.
1295	모범의회(Model Parliament).
1337	백년전쟁(1337~1453) 시작.
1340	과세에 대한 의회의 동의 원칙 확립.
1376	선량의회(Good Parliament).
1388	무자비의회(Merciless Parliament).
1455	세인트 올번즈(St. Albans)의 전투. 장미전쟁 시작.
1461	에드워드 4세(Edward IV) 즉위. 요크 왕조 시작.
1485	헨리 7세(Henry VII) 즉위. 튜더 왕조(House of Tudor) 시작.
1527	헨리 8세(Henry VIII), 캐서린과의 이혼문제 발생.
1529~1536	종교개혁의회.
1534	왕위계승법(Act of Succession). 수장법(Act of Supremacy).
1536	웨일즈(Wales) 완전 합병.
1549	통일령(Act of Uniformity).
1558	엘리자베스 1세(Elizabeth I) 즉위.
1559	제2차 수장법(Act of Supremacy). 통일령(Act of Uniformity).
1587	메리 스튜어트(Mary Stuart) 처형.
1603	엘리자베스 1세 사망. 스코틀랜드의 제임스 6세가 제임스 1세(James I)로 즉위. 스튜어트 왕조(House of Stuartt) 시작. 퓨리턴(Puritans, 청교도)의 '일천 명의 청원'(Millenary Petition).
1620	퓨리턴 필그림들(Puritan Pilgrims), 메이플라워(Mayflower)호로 아메리카로 향함.
1628	권리청원(Petition of Rights).
1629	찰스 1세(Charles I)의 의회 해산.
1640	단기의회(Short Parliament) 소집과 해산. 장기의회(Long Parliament) 소집.

1641	잉글런드와 스코틀런드 정부 재구성.
	3년 회기법(Triennial Act). 영구의회법(Act of Perpetual Parliament) 제정.
	대간언(Grand Remonstrance) 작성. 국왕의 대권 법정폐지.
1648	올리버 크롬웰(Oliver Cromwell), 프레스턴(Preston)에서 국왕군 격파.
	프라이드의 의회 숙청(Pride's Purge).
1649	찰스 1세 처형. 공화국 수립.
1653	올리버 크롬웰, 호국경(Lord Protector)이 되어 둔부의회(Rump Parliament) 강제
	해산. 지명의회(Nominated Parliament) 또는 베어본즈의회(Barebones Parliament)
	구성. 통치헌장(Instrument of Government).
1655	왕당파의 반란 실패.
1657	통치헌장이 의회의 성문헌법인 '겸손한 청원과 조언'(Humble Petition and
	Advice)으로 대체됨.
1658	올리버 크롬웰 사망. 아들인 리처드 크롬웰(Richard Cromwell)이 호국경이 됨.
1660	찰스 2세 복위(왕정복고).
1679	인신보호개정법(Habeas Corpus Amending Act).
	휘그파(Whigs)와 토리파(Tories)의 등장.
1685	찰스 2세 사망. 제임스 2세(James II) 즉위. 먼머스(Monmouth) 공의 반란 실패.
1688	명예혁명.
1689	메리와 윌리엄 3세(William III) 즉위. 권리장전(Bill of Rights).
1690	보인(Boyne) 전투, 제임스 2세의 반란군 격퇴.
1694	3년 회기법으로 의회의 최장회기를 3년으로 제한.
1707	잉글런드—스코틀런드의 통합. 통합령(Act of Union).
1716	7년 회기법으로 의회의 최장회기가 7년으로 연장됨.
1721	초대 수상 로버트 월폴(Robert Walpole) 취임.
1745	자코바이트 반란(Jacobite Rising).
1801	아일런드와 통합.
1805	트라팔가 해전 승리.
1815	워털루 전투. 빈 회의. 곡물법(Corn Law).
1825	노동조합 합법화.
1832	대개혁법(Reform Act of 1832) (1차 선거법 개정).
1835	시 자치단체법.
1837	윌리엄 4세 사망. 빅토리아 여왕 즉위.
1839	반곡물법연맹 결성. 차티즘(Chartism) 운동.
1846	곡물법(Corn Law) 폐지. 보수당 분열.
1854~1856	크리미아 전쟁(Crimean War).

1854	노스코트－트레벨리언 보고서(Northcote-Trevelyan Report) 발간.
1858	영국의 인도 직접통치 시작.
1867	제2차 개혁법(Reform Act of 1867).
1868	글래드스턴(William Gladstone)의 1차 자유당 정부 출범.
1871	노동조합법으로 노조 합법화. 지방정부법(Local Government Act of 1871).
1872	비밀투표법(Secret Ballot Act).
1876	빅토리아 여왕이 인도의 여황제임을 선언.
1883	부패와 불법행위법(the Corrupt and Illegal Practice Act).
1884	제3차 개혁법(Reform Act of 1884).
	어스킨 메이(Erskin May)의 『의정실무』 발간.
1885	의석재분배법(Redistribution of Seats Act).
	알버트 다이시(albert V. Dicey)의 『헌법연구강요』 발간.
1888	지방정부법(Local Government Act of 1888).
1900	노동당(Labour Party) 창립.
1911	의회법(Parliamentary Act of 1911).
1912~1913	발칸전쟁.
1914	제1차 세계대전 발발.
1915	거국내각 성립.
1918	인민대표법(Representation of the People Act of 1918). 제1차 세계대전 끝남.
1919	베르사유 조약. 신페인당, 아일랜드 공화국 선언.
1928	평등선거법(Equal Franchise Act), 여성에게도 남성과 같은 선거권 부여.
1937	체임벌린(Joseph Chamberlain), 보수당 정부의 총리로 취임.
1939	제2차 세계대전 발발. 독일에 선전포고.
1940	체임벌린 사임. 처칠(Winston Churchill) 총리 취임.
1944	의석재분배법(Redistribution of Seats Act of 1944).
1945	제2차 세계대전 끝남.
1948	대학 선거구 폐지.
1949	의회법(Parliamentary Act of 1949).
1952	조지 6세 사망. 현재 국왕인 엘리자베스 2세 즉위.
1966	총선에서 윌슨(Harold Wilson)의 노동당 압승. 국민전선 결성.
	인종관계법(Race Relations Act).
1969	북아일랜드 얼스터에서 가톨릭교도와 개신교도 사이의 충돌. 북해에서 석유 발견.
1972	북아일랜드 런던데리에서의 '피의 일요일' 참사.
1973	영국, EEC 가입. 석유파동.
1976	경제위기. IMF의 원조.

1979	유럽의회 선거 시작. 스코틀런드와 웨일즈에 자치권 이양.
	총선에서 보수당의 승리로 마가렛 대처(Margaret Thatcher) 총리 취임.
1981	사회민주당(Social Democratic Party) 창립.
1982	포클런드(Falkland) 전쟁. 북아일런드 의회 수립.
1985	지방정부법(대런던 의회와 광역 주의회 폐지).
1987	총선에서 보수당 승리로 대처 재집권.
1988	사회민주당과 자유당, 사회 자유민주당으로 합당하고 자유민주당(Liberal Democratic Party)으로 개칭.
1990	대처 총리 사임. 메이저(John Major) 총리 취임.
1991	걸프 전쟁. 마스트리히트(Maastricht) 조약 비준.
1994	IRA와 휴전 합의.
1997	총선에서 노동당 압승. 토니 블레어(Tony Blair) 총리 취임.
	홍콩 반환. 스코틀런드와 웨일즈에 자치권 이양.
1998	북아일런드 자치정부 수립 합의.
2000	지방정부법(Local Government Act of 2000).
2005	총선에서 노동당 승리. 블레어 총리 연임.
2007	블레어 총리 사임. 고든 브라운(Gordon Brown)총리 취임.

주

1장

1) 모범의회에 대해서는 김현수(2005), 148~149; 김현수(2003), 90~91; 나종일 · 송규범(2005), 146~151 참조.
2) '군주의 대권'에 관해서는 이 책의 33쪽을 볼 것.
3) en.wikipedia.org/wiki/Exclusion_Bill
4) en.wikipedia.org/wiki/Immortal_Seven
5) 명예혁명에 대해서는 나종일 · 송규범(2005), 471~482; 김현수(2003), 156~164 참조.
6) 박지향(1997), 339~340 참조.
7) 김웅진(2005), 5~30 참조.
8) en.wikipedia.org/wiki/Robert_Walpole.
9) Dearlove & Saunders(1991), 24 참조.
10) 1832~1867년의 〈황금시대〉에 관해서는 Kingdom(1996), 304~305 참조.
11) Kingdom(1996), 166~167; Peele(2004), 34.
12) Bentley(2005), 209.

2장

1) Bentley, *et al.*(2005), 205~206; Kingdom(1996), 33~35 참조.
2) en.wikipedia.org/wiki/Habeas_Corpus_Act
3) 〈인민대표법〉에 관해서는 앞 장의 26쪽을 다시 볼 것.
4) Budge, *et al.* 1998, 188, 418~420; en.wikipedia.org/wiki/Parliament_Acts
5) en.wikipedia.org/wiki/Albert_Venn_Dicey
6) Dicey, A. 1959, *An Introduction to the Study of the Law of the Constitution*, 10th ed. London: Macmillan, 39~40.
7) Kingdom(1996), 40.
8) Bentley, *et al.*(2005), 211.
9) en.wikipedia.org/wiki/*Walter Bagehot*
10) Kingdom(1996), 39에서 재인용.

11) 하원의원들은 자신이 속한 정당의 결정과 지시에 복종해야 한다는 정치적 관습. Kindgom(1996), 606.

12) 공동왕들을 각기 따로 센 숫자임.

13) Her Majesty's Stationery Office(1994), 8.

14) en.wikipedia.org/wiki/British_Monarchy

15) 안순철(2000), 297.

16) Kingdom(1996), 260에서 재인용.

17) Kingdom(1996), 260~261 참조.

18) Kingdom(1996), 260에서 재인용.

19) Kingdom(1996), 260에서 재인용.

3장

1) 영국 의회의 기원에 관해서는 김미현(1989) 참조.

2) Michael(1995).

3) 과세동의안에 대해서는 정만득(2004) 참조.

4) 이 책의 4장 79쪽 참조

5) 절대주의 국가에 관해서는 Anderson(1974) 참조.

6) 청교도 혁명과 명예혁명에 관해서는 Morgan(1994); 김진웅·송영호·정성화(1990) 참조.

7) 영국 의회에 관해서는 신형식(1992) 참조.

8) 정부제출법안의 심의 및 의결에 관해서는 문제풍(2005) 참조.

9) 의회의 정부감독 활동에 관해서는 박찬욱(1995) 참조.

4장

1) 협약(conventions).

2) Kingdom(1996), 284~286.

3) Curtis(2003), 94.

4) 내각위원회에 관해서는 Bentley, et al.(2005), 309~314; Budge, et al.(1998), 209~211; Kingdom(1996), 318~321 참조.

5) Ministerial Committee on Defence and Overseas Policy.

6) Ministerial Committee on the Environment.

7) Budge, et al.(1998), 207.

8) Curtis(2003), 87~89 참조.

9) en.wikipedia.org/wiki/British_Cabinet 참조.

10) Curtis(2003), 94.

11) Curtis(2003), 94.

12) Curtis(2003), 94~95.

13) Bentley, et al.(2005), 337 참조.

14) Curtis(2003), 96.
15) Kingdom(1996), 483.
16) 복합시는 도와 군의 기능을 수행.
17) Bentley, *et al.*(2005), 357~358.

5장

1) http://en.wikipedia.org/wiki/United_Kingdom
2) 신명순(2006), 191.
3) Bentley, *et al.*(2005), 144.
4) 보수당에서 제출한 불신임결의안의 내용은 아주 사소한 사건에 의한 것이다. 즉 보수당은 노동당 의원들이 파업 노동자들에게 군대의 사격금지를 요청한 캠벨(R. Campbell)의 기소 기각 압력과 법무부 장관의 검찰총장에 대한 설득을 법 집행에 대한 행정부의 간섭이라고 단정하고 이를 내용으로 하는 불신임결의안을 제출한 것이다(이내주 옮김(2002), 241).
5) Wright(2000), 112.
6) 신명순(2006), 226~227.
7) 김현수(2003), 383.
8) 이 책의 6장 123~125쪽 참조.
9) Bentley, *et al.*(2005), p.143.

6장

1) 내각제를 어떻게 불러야 하는지에 대해서는 약간의 논란이 있다. 내각제 혹은 내각책임제가 흔히 알려진 용어이지만, 제도를 연구하는 많은 학자들은 대개 대통령제와 구별하는 차원에서 '의회중심제'라고도 부른다.
2) Gerry는 원래 '게리'로 읽혔으나 20세기 들어 '제리'로 발음되었다. 따라서 '제리맨더링'이 요즘 쓰이는 일반적 명칭이나 우리나라에서는 주로 '게리맨더링'으로 쓰인다. 여기에서는 이 책의 발음표기 원칙을 따랐다.

7장

1) www.eurostar.com
2) news.bbc.co.uk/1/hi/uk/208881.stm
3) www.europa-web.de/europa/02wwswww/202histo/churchil.htm
4) 1951년 4월 6개국이 프랑스 파리에서 서명해 파리조약으로 불리며, 1951년 7월 발효되었다.
5) 관세와 쿼터를 폐지하고 수입규제나 보조금을 규제하는 등 모든 무역장벽을 철폐하는 경제통합의 중요한 단계. 일반적으로 경제통합은 자유무역지대-관세동맹-공동시장-경제통화동맹의 단계로 심화된다.
6) Ellison(2000), 4~5.
7) Bentley, *et al.*(2005), 228.

10) http://www.nationalarchives.gov.uk/pathways/citizenship/brave_new_world/docs/anglo_french.htm

11) 북아일랜드 문제와 각종 파업 등으로 국내정치에 실패한 상황에서 EC 가입까지 겹쳐지자 히스는 정부강화를 위해 총선을 실시했으나 성공하지 못했으며, 자유당과의 연립시도도 무산돼 1974년 사임한다.

12) Bentley, et al.(2005), 226.

13) Bentley, et al.(2005), 229.

14) 벨기에대사관 겸 구주연합대표부(2004), 28.

15) 메이저 정부는 1990년 각국의 환율변동폭을 제한함으로써 통화가치와 경제를 안정시키려는 목적에서 만들어진 EC의 환율조절체계(ERM: Exchange Rate Mechanism)를 받아들였다. 그러나 통일독일의 경기과열을 피하기 위한 고금리정책과 영국의 불황으로 파운드화가 계속 인하되면서 환율변동폭이 ERM의 제한선 이하로 떨어졌다. 결국 1992년 ERM을 포기한다.

16) 보수당은 유럽연합의 연방주의적 성격 때문에, 노동당은 영국이 사회헌장(Social Chapter)을 예외로 두었기 때문에 반대했다.

17) 사실 유럽연합의 'union'은 연합보다는 동맹이나 연방에 가까운 개념이다. 일본 언론에서 구추연합이라고 쓰기 시작하면서 통용되고 있다.

18) EU-턴은 EU와 U-turn의 합성어.

19) Delegation of the European Commission to the Republic of Korea, "Europe in 12 Lessons"(http://www.delkor.cec.eu.int/home/guide/12lessons.html).

20) 김홍종 · 김균태(2004), 61.

21) 김홍종 · 김균태(2004), 61~64.

22) 22개의 EU 가입을 추진 중인 동유럽국가와 유럽연합의 식민지였던 국가도 자국화폐와 유로를 연동시키고 있다.

23) 중요 정책은 '25개 회원국 중 15개국 이상의 찬성에, 역내 인구 중 65%가 찬성' 해야 한다.

참고문헌

1. 논 문

김미현. 1989. 「영국의회의 중세적 기원」. 성균관대학교 석사학위논문.

김웅진. 2005. 「프레스토판스 전투, 영국의 국가(국가)와 의회민주주의」. 『비교민주주의연구』 제 1집 2호.

문제풍. 2005. 「영국의회의 입법과정: 내각(정부)중심의 법안 제출 및 심의」. 『국회보』 48호.

박찬욱. 1995. 「미국과 영국의회의 정책집행 감독활동」. 『한국정치학회보』 제29집 3호.

박홍규. 2005. 「EU헌법과 유럽 통합의 장래」. 『주요국제문제분석』. 외교안보연구원.

이남국. 2001. 「영국의 중앙정부조직」. 『한국행정연구원 보고서』. 한국행정연구원.

정만득. 2004. 「영국의회의 과세동의 연구: Edward III을 중심으로」. 한국서양사학회 편. 『서양사론』 제5권.

Nash, M. 1995. "Crown, Woolsack and Mace: The Model Parliament of 1295." *Contemporary Review* (November).

2. 단행본

김진웅 · 송영호 · 정성화. 1990. 『서양사 이해』. 서울: 학지사.

김홍종 · 김균태. 2004. 『영국경제의 이해와 한 · 영 경제협력의 과제』. 서울: 대외경제정책연구원.

김현수. 2003. 『영국사』. 서울: 대한교과서주식회사.

김현수. 2005. 『이야기영국사』. 서울: 청아출판사.

나종일 · 송규범. 2005. 『영국의 역사(상, 하)』. 서울: 한울.

박우룡. 2002. 『영국 지역 사회 문화의 이해』. 서울: 소나무.

박지향. 1997. 『영국사: 보수와 개혁의 드라마』. 서울: 까치.

성황용. 1992. 『근대동양외교사』. 서울: 명지사.

신명순. 2006. 『비교정치』. 서울: 박영사.

신형식. 1992. 『영국의회』. 서울: 김영사.

안순철. 2000. 『선거체제비교: 제도적 효과와 정치적 영향』. 서울: 법문사.
주벨기에 대사관 겸 구주연합대표부. 2004. 『EU 정책 브리핑』. 서울: 애드컴서울.
케네스 O. 모건. 1994. 영국사연구회 역. 1994. 『옥스퍼드 영국사』. 서울: 한울.
W. A. 스펙. 이내주 역. 2002. 『진보와 보수의 영국사』. 서울: 개마고원.

Anderson, P. 1974. *Lineages of the Absolute State*. London: Verso.
Benjamin, R. 2001. *Democracy in Divided Societies: Electoral Engineering for Conflict Management*. Cambridge: Cambridge University Press.
Bentley, R., *et al*. 2005. *British Politics in Focus*. Ormskirk, UK: Causeway Press.
Budge, I., *et al*. 1998, *The New British Politics*. Harlow, UK: Addison Wesley Longman.
Colomer, J., ed. 2002. *Political Institutions in Europe*. London: Routledge.
Curtis, M. 2003. "The Government of Great Britain." M. Curtis, *et al. Introduction to Comparative Government*. New York: Longman.
Daddow, O., ed. 2003. *Harold Wilson and European Integration: Britain's Second Application to Join the EEC*. London: Frank Cass.
Dearlove, J. and P. Sanders. 1991. *Introduction to British Politics: Analysing a Capitalist Democracy*. Cambridge: Polity Press.
Dicey, A. 1959. *An Introduction to the Study of the Law of the Constitution*. 10th ed. London: Macmillan.
Ellison, J. 2000. *Threatening Europe: Britain and the European Community, 1955-58*. London: Macmillan.
Fairbank, J., E. O. Reischauer, and A. M. Craig. 1973. *East Asia: Traditional and Transformation*. London: George Allen & Unwin Ltd.
Hancock, M., *et al*. 2003. Politics in Europe. New York: Chatham House.
HMSO. 1994. *The British System of Government*. London: Her Majesty's Stationary Office.
Hoare, J. E. "UK-China Historical Perspective" (http://www.uk.cn)
Huntington, S. 1968. *Political Order in Changing Societies*. New Haven, CO: Yale University Press.
Kingdom, J. 1996. *Government & Politics in Britain*. Cambridge, UK: Polity Press.
Marshall, P., ed. 1996. *Cambridge Illustrated History of the British Empire*. London: BCA.
Michael, L. N. 1995. "Crown, Woolsack and Mace: the model Parliament of 1295." *Contemporary Review*(November).
Pearce, M. and G. Stewart. 1996. *British Political History 1867-1995*. London: Routledge.
Peele, G. 2004. *Governing the UK*. Oxford, UK: Blackwell.
Storry, M. and P. Childs, eds. 1997. *British Cultural Identities*. London: Routledge.
Wright, T., ed. 2000. *The British Political Process*. London and New York: Routledge.

3. 인터넷 자료

A. V. Dicey (en.wikipedia.org/wiki/Dicey).

BBC Online Network. 1998(November 6). "Waterloo Insult to French Visitors." (news.bbc.co.uk/1/hi/uk/208881.stm).

British Cabinet (en.wikipedia.org/wiki/British_Cabinet).

British Monarchy (en.wikipedia.org/wiki/British_Monarchy).

Delegated Legislation (en.wikipedia.org/wiki/Delegated_legislation).

Delegation of the European Commission to the Republic of Korea. "Europe in 12 Lessons" (www.delkor.cec.eu.int/home/guide/12lessons.html).

European Commission. 2006(July). *Eurobarometer 65* (europa.eu.int/comm/public_opinion/index_en.htm).

European Communities. 2006. *Eurostat Yearbook 2005* (epp.eurostat.ec.europa.eu).

European Central Bank (www.ecb.int).

European Union (en.wikipedia.org/wiki/European_union).

Eurostar (www.eurostar.com).

Exclusion Bill (en.wikipedia.org/wiki/Exclusion_Bill).

Habeas Corpus Act of 1679 (en.wikipedia.org/wiki/Habeas_Corpus_Act_1679).

Hung Parliament (en.wikipedia.org/wiki/Hung_Parliament).

Immortal Seven (en.wikipedia.org/wiki/Immortal_Seven).

Ipsos-MORI. *EU/Euro Surveys* (www.ipsos-mori.com/europe/index.shtml).

Monmouth Rebellion (en.wikipedia.org/wiki/Monmouth_Rebellion).

National Archives (UK). Anglo-French Cultural Tie, 1971 (www.nationalarchives.gov.uk/pathways/citizenship/brave_new_world/docs/anglo_french.htm).

Official EU Website (europa.eu/index_en.html).

Robert Walpole (en.wikipedia.org/wiki/Robert_Walpole).

Sun Online. 2004(June). "Blair's Waterloo Surrender." (www.thesun.co.uk/article/0,,2-2004142935,00.html).

United Kingdom (en.wikipedia.org/wiki/United_Kingdom).

Walter Bagehot (en.wikipedia.org/wiki/Bagehot).

Winston Churchill's Speech to the Academic Youth (1946. 9. 19). (www.europa-web.de/europa/02wwswww/202histo/churchil.htm).

4. 기타자료

Encyclopedia Britannica.

찾아보기